# Corpo e conhecimento
— uma visão psicanalítica —

Dados Internacionais de Catalogação na Publicação (CIP)
(Câmara Brasileira do Livro, SP, Brasil)

Tomazelli, Emir
Corpo e conhecimento : uma visão psicanalítica / Emir Tomazelli. — São Paulo : Casa do Psicólogo, 1998. — (Coleção psicologia e educação).

Bibliografia
ISBN 85-7396-018-3

1. Conhecimento 2. Corpo e mente 3. Psicanálise I. Título. II. Série.

98-2614                                                          CDD-150.195

Índices para catálogo sistemático:

1. Corpo e conhecimento : Psicanálise : Teorias : Psicologia    150.195

*Editor:* Anna Elisa de Villemor Amaral Güntert
*Editor-assistente*: Ruth Kluska Rosa
*Revisão:* Sandra R. Garcia
*Capa*: Yvoty Macambira
*Composição:* Factash Fotocomposição Ltda.
(011) 214-4151

**psicologia e educação**
coleção dirigida por *Lino de Macedo*

*Emir Tomazelli*

# Corpo e conhecimento
— *uma visão psicanalítica* —

Casa do Psicólogo®

© 1998 Casa do Psicólogo Livraria e Editora Ltda.

Reservados todos os direitos de publicação em língua portuguesa
à Casa do Psicólogo Livraria e Editora Ltda.
Rua Alves Guimarães, 436 – CEP 05410-000 – São Paulo – SP
Fone: 852-4633     Fax: (011) 3064-5392
E-mail: *Casapsi@uol.com.br*
*http://www.casapsicologo.com.br*

É proibida a reprodução
total ou parcial desta
publicação, para
qualquer finalidade, sem
autorização por escrito
dos editores.

Impresso no Brasil / *Printed in Brazil*

*Dedico este livro a Melanie Klein, mesmo sabendo que, num certo sentido, talvez, ela jamais pudesse concordar com ele.*

# Nota de Agradecimento

Quero agradecer e salientar que este trabalho é fruto da colaboração entre a Universidade de São Paulo e a agência financiadora CNPq, colaboração sem a qual eu não poderia ter tido acesso a este tipo de possibilidade de manifestação social que é a publicação de um livro. Ao lado disso, gostaria de expressar minha sincera gratidão (e admiração) a meu orientador, o Professor Lino de Macedo, que além de grande amigo tem sido um guia nesse obscuro caminho que é a escrita da idéia pessoal no mundo universitário. Muito obrigado por toda paciência, dedicação e solidariedade.

# ÍNDICE

Apresentação ................................................................ 11

**Capítulo 1 – Introdução** ............................................ 17
A questão do texto ...................................................... 17
Em busca de um suporte empírico ............................ 37
Nota universitária ....................................................... 44

**Capítulo 2 – Forma e conteúdo** ................................ 47
A visão freudiana: alguns recortes que marcam
uma leitura possível ................................................... 50
A visão kleiniana: uma leitura que não se
pretende exaustiva ..................................................... 58
O corpo: o conhecimento visceral ............................. 79

**Capítulo 3 – A memória e a ação esquecida** .......... 105
Em busca de uma relação entre esquecimento
e conhecimento ......................................................... 105
A ação sublime: em busca de mais uma teoria
sobre o brincar .......................................................... 128

**Capítulo 4 – A causa e a culpa** ............... 147
O ódio ao corpo ............... 148
O pequeno porta-memórias ............... 158
Narcisismo primário: o eu perdido no corpo ........ 179
O eu perdido no objeto: objeção e objetivação
primárias ............... 182
O impulso epistemofílico ou sobre a loucura
de conhecer ............... 186

**Capítulo 5 – Considerações finais** ............... 191
Conhecimento e paranóia ............... 192
Sobre a questão da inveja primária ............... 197
O objeto estético ............... 202
Notas para uma metapsicologia da inibição
intelectual ............... 206
Notas fragmentadas para uma clínica da inibição 207
Por mais uma pedagogia (do) impossível ............... 210

**Bibliografia** ............... 213

# Apresentação

*Será que uma pedagogia do ódio e da morte não poderia expor melhor a questão do saber e do aprender na vida cotidiana?*

Emir Tomazelli termina seu livro com a questão acima. Utilizou todo o texto para refletir ou analisá-la, servindo-se de seus estudos kleinianos, de sua experiência clínica, de sua prática docente e de sua formação pós-graduada no Instituto de Psicologia, da Universidade de São Paulo. Mais que isso, entregando-se a um estilo apaixonado, inteligente, poético (metafórico) e direto de provocar questões e de nos convidar a abandonar lugares comuns e consentidos, mormente quando se trata de tema tão difícil e fundamental: as vicissitudes do conhecer, como necessidade nossa, ou do compartilhar seu processo, como possibilidade do outro. Como seu orientador na dissertação de mestrado, cuja reescrita resultou neste livro, pude acompanhar suas qualidades e sua obstinada, instigante, forma de propor a análise do tema. Agradeço o carinho testemunhado pela possibilidade dessa apresentação e convido o leitor a acompanhar o modo original e crítico com que Emir Tomazelli, usando como mote a questão acima, reflete sobre as relações entre corpo e conhecimento em uma perspectiva psicanalítica.

Volto à epígrafe para antecipar alguns pontos e, quem sabe, situar a importância da questão para mim. De um modo geral, o modo como Emir propõe e analisa o tema correspondente a um princípio construtivista de Piaget: considerar as relações entre as partes que compõem um todo, ou sistema, de forma complementar, indissociável e irredutível, isto é, interdependente. Com isso, propõe a superação de uma relação de dependência ou independência, apenas. Por exemplo, para um conhecimento científico apenas valorizado como objeto e explicado em sua perspectiva adulta, formal e objetivada, Piaget introduziu a perspectiva do sujeito que conhece e, mais que isso, de seu processo de desenvolvimento na criança. Com isso mostrou uma outra referência e analisou formas de interdependência entre esses dois tipos de conhecimento. Emir, ao seu modo, nos incita a pensar o conhecimento em suas relações com o corpo e, mais que isso, em uma perspectiva psicanalítica kleiniana. Pensar um conhecimento antes apenas valorizado em sua perspectiva mental ou física. Como pensá-lo também em uma perspectiva corporal, tendo que para isso rever conceitos, alterar categorias de análise, ressignificar formas de raciocínio? Como pensar o conhecimento em uma perspectiva psicanalítica, sabendo que tradicionalmente esse tema é mais valorizado em sua perspectiva cognitiva e racional? Os três capítulos que compõem o "corpo" de seu livro são bons exemplos da mudança de perspectiva que o autor nos convida a fazer.

O capítulo "Forma e conteúdo", por exemplo, propõe um outro modo de se analisar duas questões fundamentais aos processos de desenvolvimento e à aprendizagem escolar. Conhecer é dominar a forma corporificada nos esquemas de ação ou nas operações mentais que integram e diferenciam, por abstração e generalização, seus diversos campos de aplicação. Algoritmos, hábitos sociais, estilos, padrões de comportamento, estruturas gramaticais, conceitos, definições, gestos, atitudes, são diferentes exemplos de formas que modelam nossos comportamentos, nossos pensamentos, enfim, nossa forma de ser e interpretar a realidade. Conhecer é também dominar conteúdos, ou seja, os infinitos modos pelos quais uma forma pode se expressar. Forma e conteúdo, em sua versão ordinária, expressam o instigante modo como vivemos as experiências: repetição ou novidade! Repetição se considerarmos a forma. Novidade se consideramos o conteúdo ou as circunstâncias em que se expressam. Na escola, dominar as formas, conhecer as invariantes relativas às diferentes disciplinas (Matemática, Línguas, Ciências) é um dos trabalhos mais importantes. Além disso, dominar os conteúdos, ou seus significados, é também fundamental. Mas, Emir, em seu livro, nos propõe uma outra perspectiva para tudo isso. Continua valorizando a dialética entre forma e conteúdo como relação fundamental aos processos de conhecimento, mas de um outro modo. Quem o ler, saberá.

No capítulo "A memória e a ação esquecida", Emir analisa um aspecto crucial nas relações entre corpo e conhecimento. Usualmente, conhecimento está vinculado a ações, físicas ou mentais, com uma certa qualidade de expressão espaço–temporarl ou simbólica, que Piaget, por exemplo, define como operatória ou reversível. Mas, o autor nos lembra que o corpo é o lugar dos movimentos expressos por essas ações; que o corpo é o depósito, ou seja, a memória viva dos objetos ou acontecimentos produzidos pelas ações. Considerar esse lugar ou depósito altera tudo: inaugura uma "pedagogia do ódio ou morte". Ao nascer, de fato, a criança perde sua condição privilegiada de ser parte de um sistema (de um outro corpo) que lhe dá o melhor que ela pode ter ou querer. A condição da vida é a da morte fetal. E, por extensão, das exigências de ser agora, também, um sujeito que constrói suas ações. Mas, neste corpo uma condição paradoxal está presente: de pura exigência, ou necessidade, do ponto de vista fisiológico, ou visceral, recorrendo aos termos de Emir, e, simultaneamente, de pura dificuldade ou insuficiência anatômica ou técnica. Nossa forma ordinária é valorizar com êxtase e júbilo o que uma nova vida anuncia para nós, para nossos filhos e para nossa espécie. Do ponto de vista daquele que nasce, e de seu corpo, talvez a experiência corresponda mais a um terror, desamparo e insuficiência. Ao ódio e ao medo, como fundantes de seu ser. Para sobreviver a isso, e crescer, desenvolvendo suas possibilidades humanas de conhecer e se relacionar com o mundo, essa criança, cheia de medo e ódio, dependerá do lugar primordial de sua família mormente de sua mãe. Terá que apreciar e desenvolver a estética de suas ações e encontrar na tristeza, por tudo o que perder, irreversivelmente, um refrigério, encarnado no corpo e em sua forma de conservar a narrativa das ações que o constituíram. Entristecer como condição para sublimar e sexualizar ações de um corpo, que será sempre delas o lugar e o depósito de seus desejos. Assim, para nossa forma usual de associar conhecimento com alegria, Emir nos propõe associar conhecimentos com tristeza, com uma forma de humor em que chorar ou rir de si mesmo são condições equiparáveis de prosseguir nos processos de desenvolvimento, apesar de tudo o que perdemos quando cedemos às suas tentações. Como conseqüência desse enfoque, analisa a intuição e o hábito como organizadores primordiais do narcisismo, termo com o qual resume toda nossa indiferença, ódio, desprezo, medo e arrogância para uma forma superior de exercício da subjetividade. Seu texto apresenta-nos, assim, uma versão para essa ironia que caracteriza os dias de hoje: apesar do direito constitucional, crianças não desejam aprender, nem querem fazê-lo com as pessoas que estão disponíveis para acompanhá-las nesse processo.

    O outro capítulo, que completa a reflexão proposta no livro, é o que relaciona "A causa e a culpa". Igualmente, aqui o autor nos convida a analisar a questão de forma diferente da que é considerada em sua versão científica, a única reconhecida ou valorizada na escola. O conhecimento da causa implica a tomada de consciência das relações que explicam, como modelo ou teoria, um acontecimento. A potência do explicar não está apenas em sua função descritiva, mas também de possibilitar prever, antecipar acontecimentos, controlar ou produzi-los (pela tecnologia, por exemplo). Emir, apoiado em Melanie Klein, lembra-nos de que, na perspectiva do sujeito, causa também implica culpa, culpa pelos resultados ou efeitos que a ação produziu, culpa persecutória, encarnada no corpo depositário do objeto dessas lembranças, ignorante e desinteressado de suas razões conscientes e lógicas, que repete compulsivamente, entre o terror e o êxtase, o que só poderá ser reconhecido, depois de feito, acabado.

Quero terminar essas notas antecipando que, no contexto, ou pretexto, de tudo o que foi sugerido acima (narcisismo, medo, ódio, culpa, inibição, etc.), o livro é um hino de amor à vida, ao que pode ser, à sua estética, ao lúdico das ações, à beleza de um corpo sexualizado e sublimado, triste por seus limites, mas confiante e encantado por suas possibilidades, operoso naquilo que integrar será sempre sua função. É nesse altar, chamado corpo, que o autor depositará o único que nos caracteriza como seres humanos: o conhecimento, como possibilidade e necessidade de nossa sobrevência. Propondo-nos outra direção, no labirinto de suas análises, haverá de nos devolver, no final, a mesma flor de lotus, só que agora reconhecida a partir do logo, fugidio, temeroso, incerto, lamacento, do qual emerge, e que nós teimamos em esquecer, ignorar.

"Conhecer é sucumbir ao mito, é viver o âmago de nossa solidão sob a lúdica forma da alegria. Conhecer é querer saber como se faz para ser um Édipo qualquer e sempre estar disposto a repetir a vida como ilusão criacionista. Cegos e castrados, seguimos loucos, buscando nossos genitais e o conhecimento. A encontrarmos o outro travestimo-nos de toda sua forma, função e essência e, psicóticos, iniciamos nossa jornada de nos construir como humanos. Assim é o inconsciente do conhecimento: busca ininterrupta de algo que já somos, mas nunca encontramos."

São Paulo, 30 de janeiro de 1998

LINO DE MACEDO

CAPÍTULO 1

# Introdução

> À medida que o pensamento científico toma posse, verdadeiramente, de domínios cada vez mais próximos do comportamento humano, o seu progresso torna-se sempre mais incerto, cada vez menos ligado com segurança ao desdobramento das propriedades abstratas de um modelo, cada vez mais dependente das condições complexas que determinam as relações entre o modelo e o fenômeno. Em suma, são essas relações e suas conseqüências que tentamos designar em alguns exemplos como efeitos de estilo, efeitos muito freqüente e imperfeitamente conscientes no próprio sábio e, algumas vezes, gravemente disfarçados ou ocultos por ideologias latentes ou proclamadas, que dissimulam a ciência efetiva atrás de uma opinião sobre o que ela é.[1]

## A questão do texto

O que se segue são três ensaios, aparentemente independentes, que buscam pensar a arqueologia do processo

---

1. Granger, G. G. *Filosofia do estilo*, tradução de Scarlett Zerbetto Marton. São Paulo, Perspectiva (EDUSP), 1974, p. 341.

cognitivo a partir do inconsciente humano. A definição de inconsciente é aquela usada e desenvolvida por Freud em sua obra, acrescida, no entanto, da contribuição psicanalítica da obra kleiniana.

São ensaios que procuram abordar o conhecimento pelo viés da relação estética entre sujeito e objeto, valorizando portanto a imagem, a memória, a beleza e a força sensorial do conhecimento. Focalizo o conhecimento como a produção de pensamentos que sucede a um encontro com a beleza ou a feiúra do objeto, tendo este que estar devidamente submerso em um contexto mítico, de sacralidade, de valorização erótica e/ou tanática daquele que vai ser conhecido. Porém, conhecido aqui quer dizer também morto, definido. Usando as palavras de Donald Meltzer, explico: a morte a que estou me referindo é pois aquela que se afirma a partir de uma questão estética: a "apreensão da beleza contém em sua própria natureza a apreensão da possibilidade de sua destruição".[2]

Um outro pressuposto a ser levado em conta é que neste texto darei uma ênfase particular ao corpo e à sensorialidade, em todos os níveis. O corpo é a lógica originária do psiquismo (mais pintura[3] que palavra, mais imagem que letra) e fornece a força alucinatória e a fantasmática física para todos os mitos: é na sensibilidade do corpo – em sua originalidade,

---

2. Meltzer, D./ Williams Harris, M. *The Apprehension of beauty*, Old Ballechin, Strath Tay, Scotland, The Clunie Press, 1988, p. 6: "*I think that the material in both instances suggests that the apprehension of beauty contains in its very nature the apprehension of the possibility of its destruction*". O texto acima é uma tradução livre. (N. A.)
3. ..."Com efeito, se um único verbo pudesse fundir 'dizer' e 'ver' ele poderia ser 'pintar'. Ele sugere que a humanitas da consciência humana repousa em nossa capacidade de nos constituirmos no lugar onde aquilo que está a nosso redor pode se tornar visível. Isso implica dizer que a existência humana é a visibilidade do mundo." [Oliver Soskice, *Modern Painters – A Quarterly Journal of The Fine Arts*, tradução livre Maria Teresa Scandell Rocco, v. 4, nº 1, Spring, 1991, editado por Peter Fuller (1987-1990)].

reserva primária de tudo – que uma estética se produz enquanto realidade simbólica, sagrada, referida à louca superioridade do divino na inventividade humana. É na sensibilidade onde se significa primariamente a vida. "Memories in feelings", diz Melanie Klein em sua obra *Inveja e Gratidão* (1960). No primeiro desses ensaios terá lugar privilegiado a imagem. Ela será o eixo condutor de meu pensamento. Talvez, para respeitar o autoritarismo estruturalista da letra, seja preciso pensar a imagem como uma aceleração absurda do discurso. Mas, note-se: aqui a velocidade petrifica, pois a aceleração atinge um auge tão radical que estanca o tempo envolvido naquela fala, o que era texto verte-se em um instantâneo fotográfico. Verte-se no ritmo da pulsão, aquela pulsão que é proposta pela morte, a saber: descarga total, sem prazer, devoração, estraçalhamento, captura, 'flash', fixação adesiva na experiência do encontro, obscenidade,[4] identidade primária, vazio completamente preenchido pelo silêncio, pelo nada, ou pela teta, o que dá no mesmo. Pulsão de morte, a

---

4. "Não se podem liberar as forças produtivas sem querer 'liberar' o sexo na sua função bruta: ambos são igualmente obscenos. Corrupção realista do sexo, corrupção produtivista do trabalho – mesmo sintoma, mesmo combate.

O equivalente do operário acorrentado é esse cenodrama vaginal japonês, mais extraordinário que qualquer strip-tease: moças de coxas abertas à beira de uma estrada, os proletários japoneses em mangas de camisa (é um espetáculo popular) autorizados a meter o nariz e os olhos até dentro da vagina da moça, para ver, para ver melhor – o quê? – trepando uns sobre os outros para alcançá-la, a moça conversando gentilmente com eles durante o tempo todo ou ralhando por formalidade. Todo o resto do espetáculo, flagelações, masturbações recíprocas, strip tradicional apaga-se diante desse momento de obscenidade absoluta, de voracidade do olhar que ultrapassa de longe a posse sexual. Pornô sublime: se pudessem, os tipos meter-se-iam inteiros dentro da jovem – exaltações de morte? Talvez, mas ao mesmo tempo eles comentam e comparam as respec-

morte como pulsão, recusa da verdade contida na forma do corpo e da beleza contida no objeto. Ódio, ou melhor, frieza em relação à vida e ao saber que ela nos pede ou que nos dá. Valorizo todos os aspectos que permitem uma conexão do psiquismo com o sensorial ou com o visceral, pois quero trabalhar com a construção estética do psíquico e julgo que essa estética está sustentada pela sensopercepção e pela visceralidade, como sendo realidades já pertencentes ao mundo simbólico, como aparece nos textos de Melanie Klein. É preciso lembrar que a sensopercepção e a visceralidade, em Klein, são tomadas senão como símbolos, pelo menos como seus precursores, sendo assim já vistos como discursos – noções afetivas primárias – (talvez melhor dizer vozes) que, levados às últimas conseqüências, reapresentam-se como presenças e fazem-se carnes, humores e tripas, e com isso definem um tipo de relação de objeto, que fica inscrita como uma lembrança inconsciente jamais acessível à mente, mas sempre disponível para ser descarregada pela ação, seja esta aleatória ou organizada como manifestação do conhecimento.

Tomo a idéia de *phantasia*, como é sugerida na obra da autora, para mostrar que esta faz parte de um pensamento que sugere ser o campo da sensibilidade e das sensações o mais

---

tivas vaginas sem nunca rir ou gargalhar, numa seriedade mortal e sem nunca tentar tocá-las, a não ser por brincadeira. Nada de lúbrico: um ato extremamente grave e infantil, uma fascinação integral pelo espelho do órgão feminino, como de Narciso por sua própria imagem. Muito além do idealismo convencional do strip-tease (talvez lá dentro houvesse até sedução), no limite sublime o pornô converte-se numa obscenidade purificada, aprofundada no domínio visceral – por que se deter no nu, no genital? Se o obsceno é da ordem da representação e não do sexo, deve explorar o próprio interior do corpo e das vísceras; quem sabe que gozo profundo de esquartejamento visual, de mucosas e de músculos lisos daí pode resultar? Nosso pornô ainda tem uma definição muito restrita. A obscenidade tem um futuro ilimitado." (Baudrillard, J., *Da sedução*, tradução de Tânia Pellegrini, Papirus, Campinas, SP, 1991, p. 40.)

inconsciente do psiquismo, pois se abre para uma multiplicidade tão absurda de realidades, que esse absurdo realizado poderia bem estar resumido sob a rubrica de um único pensamento: a infinita e incomensurável apreensão inconsciente do universo. Isto é, o universo é, na verdade, "miliverso", "multiverso". A vida compreendida assim é ou deve ser vista como uma sintonia louca e sutil entre eterno *versus* instante, vivida no corpo como o real atual e ao mesmo tempo no sonho como reminiscência, ou talvez melhor seja dizer, como imagem de acalanto.

A força passional das marés viscerais também será objeto de atenção, indicando as qualidades afetivas (suscitadas nos encontros com os objetos) do mundo a ser conhecido com a mediação ativa do corpo. Penso que tanto o corpo quanto o objeto podem ser as formas primárias responsáveis pelo conhecimento; sonho, ação e imagem, no corpo, estão unidos como mãe, boca e mamilo no momento da alimentação. Essas formas primárias inconscientes de apreensão do universo estarão delimitadas pela dialética continente-conteúdo (masculino-feminino), mas quero insistir principalmente na idéia de que o afeto associado à imagem[5] vem a ser a maneira inconsciente de conhecer que é própria do sujeito humano. Sujeito e objeto constroem-se mutuamente, prestando-se um ao outro, simultaneamente, como esse jogo composto pelos opostos forma e conteúdo, continente e contido. A mão que segura um objeto e amolda-se a ele, adquirindo sua forma, sua textura, sua temperatura, é também aquela que lhe permite uma realidade estética elaborada afetivamente no mundo da fantasia a partir desse encontro com o sensorial. Aqui, desejo e conhecimento imbricam-se como cauda e boca formando um todo único e inseparável.

---

5. Entenda-se imagem, aqui, como qualquer captura sensorial do mundo em torno, e também como o próprio processo psíquico que está em ação naquele momento, no encontro com o objeto. (N. do A.)

Seria bom lembrar, talvez mais como curiosidade do que como verdade científica, que a palavra fantasia – vinda do grego e grafada com ph (*phantasia*) – deriva de uma outra – *phantazo* – que quer dizer "faço aparecer".[6] É essa força (i)mágica da *phantasia* o que desejo marcar. Lembro, por outro lado, que a relação entre fantasia e palavra não está esquecida no conceito de *phantasia*. Tal relação, se não é evidenciada, pelo menos é sugerida em um texto de 1928 – *As primeiras fases do complexo de Édipo* – em que M. Klein diz:

> *Pensamos que conseqüências importantes resultam do fato de estar o ego tão pouco desenvolvido quando é assaltado pela aparição das tendências edípicas e pela incipiente curiosidade sexual associada a elas. O menino ainda não desenvolvido intelectualmente está exposto a uma investida de problemas e de interrogações. Um dos mais amargos ressentimentos que temos encontrado no inconsciente é que essa quantidade esmagadora de interrogações, que são aparentemente só em parte conscientes e que, quando conscientes,* não podem ser expressas em palavras, permanecem sem resposta. *Esse recalque é logo acompanhado por outro, ou seja, que a criança* não podia compreender as palavras *e a fala. Desse modo, as suas interrogações remontam para além dos* começos de sua compreensão da linguagem.
>
> *Na análise, esses dois motivos de queixa fazem surgir uma quantidade extraordinária de ódio. Sozinhos ou juntos, formam a causa de numerosas inibições do impulso epistemofílico, por exemplo,*

---

6. Silveira Bueno, F. da *Grande dicionário etimológico prosódico da língua portuguesa*, v. III, Ed. Brasília, 1974.

INTRODUÇÃO 23

*a incapacidade para aprender línguas estrangeiras e, mais tarde, o ódio contra aqueles que falam um idioma diferente. São também responsáveis por transtornos da fala etc. A curiosidade que se mostra abertamente mais tarde, sobretudo no quarto ou quinto ano de vida, não é o princípio, mas o clímax e a terminação desta fase de desenvolvimento, o que verifiquei ser também verdadeiro no complexo edípico em geral.*[7]

Nada saber, nada ter como resposta, não poder compreender as palavras, esses são os temas da imagem e da *phantasia*: experiência de ignorância, de limite e de amargo ressentimento, que se dá entre o corpo e a língua. É isso exatamente o que quero frisar como aquilo que estou querendo chamar de estético, imaginário e visceral, é essa dor e esse afastamento entre corpo e língua ligados à ignorância que desejo frisar, lembrando, porém, que o tipo de conhecimento ao qual me refiro é basicamente triste (por isso ligado ao belo, à estese particular da estética, à sensibilidade reativa do sentir) quando acontece. Este tipo de idéia encontra-se de algum modo em toda obra de Melanie Klein quando ela define a posição depressiva e a questão do símbolo.

Não saber expressar e não saber compreender compõem a experiência de conhecimento. Além disso conhecer e ignorar estão apoiados na vivência interna – psíquica – de ódio e de castração. Apontam o duro caminho a ser percorrido pelo espírito humano em sua tentativa de construir a mãe como um objeto de amor, passível de decifração. Será a bela e apetitosa figura materna (seu corpo) a realidade (física e psicológica) que dará forma ao ódio, dirigido inconscientemente a ela. Isto é, o objeto será o continente que acolherá a evacuação desesperada da pulsão. Ou seja, o objeto sustenta-

---

7. Klein, M., *op. cit.*, pp. 255-6, (grifos meus).

rá quase indiferente a violência da pulsão de morte descarregada sobre ele.

Essa forma odienta reapresenta o corpo do outro como primeira realidade a ser conhecida, desbravada, e até mesmo criada, uma vez suportada, no interior emocional de cada um de nós, a forma violenta que o inaugura. Uma pintura gravada a fogo na "pedra dura do psíquico" será a palavra visual produzida pela força do ódio nosso de cada dia: pedra e fogo, forma e conteúdo; fogo e pedra, conteúdo e forma. E o que mais além de macho e fêmea em contínua transformação silente?

No segundo capítulo, tento pôr em relevo a questão do esquecimento como um fator intensamente presente no ato do conhecimento. Trabalhando a presença das ações de incontáveis egos – ao longo da história da evolução do humano – que ficam precipitadas como realidade viva no inconsciente – precipitadas no id, como queriam Freud e Ferenczi – quero levar o leitor a imaginar um pouco mais a força do esquecimento em nossos espíritos. Essas ações recordadas pela memória do corpo apontam para nossa ancestralidade, tanto do ponto de vista mítico quanto do científico, antropológico ou histórico. Aquilo que foi a construção da consciência no homem, ou o mito da razão e da luz em sua história escrita, está presente tanto no corpo quanto na memória e na ação, como um esquecimento ativo trabalha pelo inconsciente. No corpo de nada se esquece, ele é pura substância histórica e onírica.

Tentarei buscar na teoria psicanalítica algumas referências teóricas que indiquem a ligação entre uma ação feita ou pensada no passado, feita ou pensada em outro tempo, e o ideal. Ou seja, gostaria de ver demonstrada a relação entre esquecimento, conhecimento, corpo e idéia, e – ainda que seja exclusivamente resultado da cisão entre corpo e idéia – ver surgir, do repúdio ao corporal, a instância ideal mortal, uma vez que essa instância só tem pelo corpo que age e dá forma

INTRODUÇÃO 25

ativa ao pensamento (à idéia no presente) um desprezo que no mais das vezes pode significar horror a qualquer acontecimento significativo.

Uma vez que a ação pensada é perfeita – diferentemente da que é de fato realizada –, a idéia ideal despreza qualquer coisa que a realize, que a concretize ou formalize. Portanto o ideal é o mundo sem ação corporal. O ato perfeito é, no máximo, idéia pensada, talvez por isso mesmo possamos reduzi-lo a essa noção que chamamos de palavra.

Assim, estarei me dedicando a pensar os problemas pertinentes ao apreender em relação ao poder inibidor dos ideais sem corpo ou que desprezam esse corpo. Estarei interessado em frisar a relação entre uma atividade humana qualquer e sua verdade mítica destrutiva produzida fora do campo do corpo e da ação produzida dentro de sua lógica ideal e conseqüentemente virtual que desfaz da 'fisicidade' viva. Em outras palavras estarei interessado em ver essa mesma lógica ser transformada em perfeição ideal e assim poder nomeá-la como imprópria e impeditiva da construção do conhecer e do poder ser. Real inação, completa ausência de gesto, ausência de atualidade, puro passado, pura representação que não vê sentido no atual. Palavra recordada na narrativa da evolução da espécie tomada como realidade atuada capaz de gerar uma ânsia por perfeição que faz da idéia o senhor que despreza o corpo, bastando para isso apenas uma vez dizê-lo, isto é, ditá-lo. Corpo dito, corpo exato, corpo bendito toda vez que morto, corpo maldito toda vez que vivo.

Na teoria kleiniana, como o "supereu" (ideal do eu; eu ideal) é o sinal mais profundo do horror erótico que o psíquico tem pela forma, ponho em evidência a problemática que gera o corpo quando pode ser considerado a primeira forma psíquica de representação das memórias esquecidas que se referem às ações humanas da criação do próprio homem: ação das origens, ação original, realidade arqueológica presentificada pelo achado factual do corpo. Como se o corpo fosse a primeira forma recusada pela idéia porque a concretiza tornando-a imperfeita.

Quero sugerir que, como homens, somos filhos da memória e, mais do que isso, somos filhos do esquecimento das formas, daquelas que já existiam enquanto histórias esquecidas em nós formando um mundo de mitos, mitos que estão escondidos nas fibras musculares, nas células germinais, no corpo enquanto objeto que transporta o passado. Ações de incontáveis egos – inesquecíveis – estão precipitadas no id; lá, uma vez esquecidas, forçam sua expressão. Esse é o paradoxo. Reprimidas ao longo das sucessivas gerações da espécie que se esforçaram para construir a cultura, reprovando completamente certos atos de seus ancestrais, essas ações, hoje, se reapresentam como estranhamento – *unheimlich* –, como experiência simultânea de estranhamento e de familiaridade, de esquecimento e de lembrança. Elas apontam para nossa ancestralidade recordada e ao mesmo tempo para a força que o esquecimento tem sobre nossa ética. A história da humanidade, a suposição de uma gênese ou a suposição de que o homem é fruto da obra divina, são questões que estão imersas na construção da consciência da semelhança e de familiaridade de um humano em relação ao outro. O mito da razão e do caminho em direção à luz (mesmo que essa luz a princípio seja dada pelo escuro e pelo sonho) está presente no corpo e na ação, como garantia de que estamos conscientemente vivos e não suportamos a solidariedade a que estamos obrigados. Além disso, pensamos que a ciência nos ajuda a poder dizer e explicar o porquê, mas o esquecimento nos faz alheios a isso e nos mergulha em um mundo de desconexões e de fragmentação. Antes de conhecedores somos doentes do conhecimento, não o esquecemos, mas também não o lembramos.

    A lenda, que narra a expulsão do paraíso, narra o ponto zero de um processo de ruptura e esquecimento – inesquecível! – entre criador e criatura. O senhor absoluto das formas, dono da vida e da morte, exclui de seu convívio o ser criado por ele. Tornado carne, tornado corpo por desrespeito ao senhor, o homem recebe o corpo como pena por ter desejado conhecer, supostamente, a convite da serpente.[8] A expulsão do paraíso e do convívio com o pai vem em seguida e apresenta ao mundo um homem que carrega nos ombros o fardo da certeza da morte como castigo pelo gesto cognitivo cometido em desobediência ao senhor. Esquecido, abandonado aos perigos mortais que a carne comporta, sempre sendo visto como cópia imperfeita da idéia pensada, busca preencher o elo esquecido e perdido de sua ligação com o pai, inventando mais uma vez uma teoria sobre a vida como ruptura entre o corpo e a alma.

Enquanto o corpo não puder mergulhar no criativo campo lúdico – não só da brincadeira, mas também do ritual – e recuperar a vitalidade fantasiosa de suas recordações violentas, jamais poderá ser usado como utensílio suficiente para construir conhecimento, mesmo que seja capaz de produzir ações coerentes e inscritas em cadeias lógicas que aparentam humanidade. É esta a minha pesquisa e é isso que me permitirá dizer que em M. Klein aprendemos que é impossível sem tristeza haver lógica propriamente simbólica. Poderá haver, sem essa tristeza, um embrião de ser, mas não haverá a subjetividade ela mesma. Isso indica o imenso afastamento que se insiste em manter entre corpo e idéia; indica, outrossim, a perda da inter-relação entre símbolo e dor. Tristeza é, em M. Klein, conhecimento. É só assim que a curiosidade deixa de ser catástrofe, ofensa ou desastre, e a criatividade deixa de ser surpresa assustadora manifestada como brutalidade vulgar. Somente a tristeza é

---

8. Serpente e curiosidade. Curiosidade e catástrofe. Catástrofe e queda e carne e corpo.

que permite ao gesto de conhecimento adquirir, então, as características da invenção e da novidade bem-vinda. Em outras palavras: ações cometidas ou imaginadas (sonhadas) como cometidas, em outros tempos, interferirão nas ações atuais (inibindo-as) e na construção do conhecimento (impedindo-o). Uma pulsão epistemofílica (compulsão ao conhecimento, curiosidade pulsional), que tem como alvo o objeto a ser conhecido e investigado, será consumida em um conhecimento de outra ordem fazendo-o proibido, ligando-o a um mundo de sofrimento e dor, de escuridão e estranhamento, que no entanto fala exclusivamente de um desastre na cognição, gesto de desobediência, violação de uma lei.

É no Eclesiastes que temos testemunhada essa questão (psicanalítica?) da relação entre conhecer e sofrer. Lá está escrito:

> *Porque meu espírito estudou muito a sabedoria e a ciência, e apliquei o meu espírito ao discernimento da sabedoria, da loucura e da tolice. Mas cheguei à conclusão de que isso é também vento que passa. Porque no acúmulo de sabedoria, acumula-se tristeza, e quem aumenta a ciência, aumenta a dor.* (Eclesiastes 1:16,17)[9,10]

---

9. *Bíblia Sagrada*, tradução dos originais mediante a versão dos monges do Maredsous (Bélgica) pelo Centro Bíblico Católico, Ave Maria Ltda., São Paulo, 1985.
10. Deixo também citada uma outra versão; esta, de Haroldo de Campos, que, hebraizando o português, apresenta-nos de modo preciso a força e o alcance da poesia no texto e da dor que o conhecer porta.
    "16 Palavras para dentro de mim eu as disse
       eis-me aumentei e avultei o saber
       muito além de quem quer-que-foi-antes sobre Jerusalém
       e por dentro de mim vi no auge o saber e a sapiência

O aumento da dor impede, assim, a atualização do conhecimento ao homem, sem ele sofrer, pois, ao perder a noção interna que lhe indique a passagem do tempo, perde a noção de morte e perde com isso a própria angústia gerada pelo conhecer. Vive "a loucura", "a tolice", a dor do próprio conhecer, como algo que não passa, mas que, desesperadamente, também não existe. A dor faz deste momento um momento estético, em que um criador – criação perfeita da criatura – se constitui como objeto bastante para a pulsão e, assim constituído, dispensa completamente o sujeito vivo que a sustenta. Nasce o ideal, o superego, o objeto ideal, sem nenhum sinal de decadência ou degradação, perfeito, imortal. Instante infinito que instala na mente de modo brutal a vergonha e o horror pelo próprio corpo e pelo conhecimento.

É importante refletir sobre como essa dissociação entre corpo e idéia – entre imperfeição passional e perfeição da racionalidade, desejo de morte da visceralidade – pode interferir na constituição do conhecimento e no desenvolvimento do pensamento científico.

É nessa dimensão do esquecimento e da referência perdida do eu para o "ideal do eu" por onde se orienta meu estudo sobre o conhecimento, mais especificamente sobre a inibição deste conhecimento chamado por Melanie Klein de inconsciente. O "conhecimento inconsciente", depositado na escuridão do corpo como esquecimento vivo e renascido no interior das narrativas dos mitos das origens é meu objeto principal de estudo, pois creio ser ele o que destrói qualquer gesto que possa de fato nos constituir e organizar.

17 e do centro de mim eu me dei a saber o saber
   soube: também isto é fome-vento
18 pois em muito saber muito sofre
   e onde a ciência cresce acresce a pena."
Tradução de Haroldo de Campos in, de Campos, H., Qohélet, O Que Sabe que Não Sabe, Folhetim nº 487, São Paulo (8 de junho de 1986), caderno especial do jornal *Folha de S. Paulo*.

Quero, ainda, ressaltar a importância da atividade dessa lembrança, insistentemente esquecida no sujeito que vive como homem, e assim marcar bem a presença da força estética e mítica que a narração é capaz de conter quando é vista também como herança física de um passado traumático, transmitido de geração em geração, contido pelo corpo. Por outro lado, o conceito de pulsão, em Klein, traz em si mesmo a idéia de que já há uma solução perfeita, um ato ideal a ser executado pelo corpo que aguarda suas ordens, algo que conserva uma vinculação com a história bem-sucedida da satisfação da necessidade como acontecimento bem feito em nosso passado. Porém, do ponto de vista ideal não há sofrimento no projeto pulsional, portanto, nele não há símbolo; há um fim que se alcança sem dor, sem tempo, sem a intensa emoção que é passar pelo real e pelo objeto que esse real sustenta. A pulsão traz em si mesma uma ação realizada, pronta, acabada e sem qualquer impedimento ou limite corporal, estando fadada ao ideal da relação e assim sendo estando também fadada ao horror visceral que a idéia tem da forma, do cerimonial que o corpo vivo exige e, mais que isso, necessita.

O objeto da pulsão é seu fim, isto é, o objeto da pulsão é a descarga e a repetição histórica do encontro já consumado como perfeição sem corpo em algum tempo, mesmo que esse tempo seja apenas o tempo mítico. O objeto do conhecimento é o objeto do necessário, ou seja, é aquele que exige uma história no agora, uma contenção, uma prova, um fato, uma verificação, uma resignação e uma existência lentamente expressa como algo que se refere à tristeza contumaz do simbólico. Um e outro são sinais da morte (seja da idéia, seja do corpo) e revelam que o projeto pulsional, tanto do sujeito epistêmico (sujeito do necessário) quanto do sujeito pulsional (sujeito do impossível), é uma fixação ao objeto, defensiva, sem dúvida, que se apresenta como mimese, identidade, definição exclusivamente montada para evitar a dor da vaguidade da existência.

Insistirei em todo o texto na palavra mito. A intenção é marcar a potência paradoxal desse elemento, mais onírico que algébrico, mais estético que lógico, mais imagético que lingüístico. Paradoxal, insisto, por ser um elemento que fala, mas que em seu falar cria um estancamento radical da ação que tudo ao redor pára e silencia. Por outro lado, e remetidos mais ao imaginário da música e da dança do que ao da língua, dando forma cantada ao inefável, ao pulsional, o mito acaba introduzindo o outro na mente do sujeito como a grande sonoridade que advém do mundo. O estarrecimento vivido no encontro com o objeto sonoro, cantante-dançante, musical, faz com que seja necessário ao homem (que pretende se construir) primeiro se afastar do corpo para depois transformar essa voz em uma Sherazahad subjetiva, e aí poder ouvir a história narrada que ela nos conta como uma história que é nossa e que não pode infelizmente (!!) ser evitada (nem deve, creio eu!). Então o mito seria algo composto de "vazio" e "cheio"; de "nada a fazer" e de "tudo por fazer". Como se fosse uma grande boca à espera de um grande seio que deve existir só pelo fato de ela existir enquanto boca; certamente com as ações correspondentes ao encontro já consumadas, prontas, acabadas.

É assim que quero ver trabalhado o mito da exigência do pulsional e da violência do ideal de ego na *phantasia*: corpo e música, boca e canto, orelha e ouvido, língua e teta, tesão e tensão, forma e conteúdo, significante e significado, macho e fêmea. Dualidade, dialética e construção. Narração infinita, ação ideal repetida no agora, sinfonia majestosa da manifestação brutal do vivido, eco dolorido e elaborado da tradição, porém sempre resto não resolvido e, inevitavelmente, traumático, físico, real, inesquecível e, este sim é o problema, jamais passível de recordação!

Outro ponto de interesse, que tento evidenciar e que daria mais ênfase ao aspecto estético e visceral de minha proposta, está ligado ao conceito de inveja. Nesse conceito, vejo a força de um antagonismo que faz parte da formação do conhecimento no homem, a saber, a tendência a não desejar conhecer. Uma espécie de desejo de morte, desejo de destruir o vínculo com o próprio desejo e interromper a vida. Tudo, diante da inveja, tem seu valor destruído e, em certo sentido, tem, nessa destruição, indicada a cegueira que a imagem, capaz de ser valorizada, recordada e simbolizada, contém. Corpo a corpo com o objeto em uma sensualidade não sustentada no e pelo mundo simbólico, recusamo-nos a inventar sua existência sensorial-simbólica enquanto objeto de nosso desejo. Esse rechaço, promovido pela inveja, acaba por demarcar, em um único gesto, o imediato, o eterno e o curso do tempo agora comprimidos na brutalidade da voz que obriga categoricamente: "Tem que ser como está escrito!". Vinculados ao imediatismo da morte, à inveja, o ver e o não ver estão em questão. Nada de belo pode ser apreendido se não for imaginado no tempo e no espaço, isto é, olhado no reflexo dos olhos entristecidos de um outro que sabe que a vida tem fim. Vale dizer, apontar o simbólico, a dor e a separação em sua relação com a depressão, como condição do encontro com a realidade visível e cognoscível, é a proposta que está em Klein. A visão não destroçada pela sua força pornográfica[11] veria o outro como belo e, se pudesse estar triste, em lugar de destruí-lo o tomaria como imagem sublime, apetitosa e boa, pronta para ser conhecida, comida, devorada; em uma palavra: formulada com tristeza, saber e poesia.

Quero aproveitar para apontar a importância de uma teoria da sublimação, em Melanie Klein, que é pouco estudada. Ponto que também estará sendo trabalhado no segundo ensaio. Portanto, a memória, as ações esquecidas e as ações sublimadas formarão este ensaio, dando-lhe aquilo que se pode chamar de sentido edípico e épico do conhecimento

---

11. Baudrillard, J. *Da sedução, op. cit.*

humano. Edípico, pela força do trágico, épico, pela fabulosa grandiosidade, pelo extraordinário de seu feito. Tomo, dessa forma, a ontogênese e filogênese como pilares inseparáveis da cognição que, entretanto, estarão confinados à idealidade do mito e à força petrificante da imagem resultante dos encontros humanos erigidos como ideais. Totens construídos e suas histórias narradas serão as funções primordiais do pensamento e da razão, núcleos do inconsciente kleiniano: ideais que jamais existiram e que se formaram pela força narrativa do imaginário. Verdadeiras tábuas de referência esculpidas com o fogo da pulsão associadas à frieza do objeto.

Como terceiro capítulo, e último ensaio a compor esta trilogia desconexa, virá um texto que procura indicar e propor uma relação entre a idéia de causa e a de culpa. Não há nada de novo nessa proposta. É, simplesmente, a insistente demonstração do que já estava escrito em Klein visto segundo meu olho.

A culpa onipotente – culpa que se liga tenazmente à arrogância –, descrita por Melanie Klein em seus estudos sobre a posição depressiva, mostra o modelo básico de apreensão, propriamente humana, do mundo a ser conhecido. A criança culpada, aquela que vive o eu como causa primária do mundo, torna-se responsável pela vida e pela morte das coisas. O bebê criador de tudo alinha, em uma sucessão de imagens, criança-criador-criatura, infantil-totem-sujeito, e mistura essas imagens ao conhecimento científico. O exterior é engolfado pelo interior[12] do corpo e a morte faz desse engolfamento uma identidade, congelando-o, fixando-o como um já conhecido. O objeto introjetado é petrificado e

---

12. Aqui Ferenczi falaria de transferência, ou introjeção, como aparece no artigo de mesmo nome escrito entre os anos de 1908 e 1912. (Ferenczi, S. Obras Completas, tradução de Álvaro Cabral, São Paulo, Martins Fontes, 1991, cap. VII).

tornado idêntico ao sujeito (ou o sujeito idêntico a ele), pois é na introjeção inafetiva – brutal, eu diria – que começa e termina o encontro entre sujeito, objeto, pulsão e conhecimento. Esse colapso, bem poderia ser um exemplo do que se pode chamar formas primárias de apreensão do universo. Ele, por conta própria, constrói o inconsciente do conhecimento como identidade forjada no ódio, identidade que de uma só vez vive o encontro cognitivo como um momento onde tudo se funde e endurece.

O objeto, nesse contexto, não só assume a fisionomia das vísceras, impacto de fogo e dureza fria, mas também assume, como traço imutável, as feições de uma experiência depressiva com o corpo e com o símbolo que sustentará o conhecimento como dor e depressão. Assim, o objeto será engolido e o sujeito fundará seu eu como forma idêntica ao psiquismo do outro que o nutre aterrorizado. Uma mãe morta pelo medo de ver-se viva nasce do ventre mental da criança e fica lá, no centro da mente, como se fosse um terror mudo, superego primitivo, como o chamaria a própria Klein.

O interior do corpo da mãe, grande ventre repleto de conhecimento e terrores, sugere que o conhecimento é feito no interior da apavorante/encantadora caverna uterina. Uma teoria sobre as origens, os interiores, o ventre, o vaso e a vagina-útero que gestam a vida e estão atravessados por perigos, temores e cenas horripilantes. É nesse interior, onde a primeira cognição será feita, isto é, a identificação com a mãe – teta de pedra, ventre-totem-brutal – será o primeiro mito mudo que preencherá o vazio criado pelo esquecimento. Mímica primária ou identidade, a teoria do homem-fêmea, do homem-ventre materno marca o nascimento ontológico do sujeito kleiniano. Masculino, ou feminino, é, antes de tudo, um ventre materno repleto de realidades alucinadas que definem o sujeito como sexuado.

A cena primária, outro ponto mítico que gostaria de abordar, também compõe os itens que apontam para o sujeito kleiniano como um sujeito que está enclausurado e para um mundo onde os pais em coito são causa primária de angústia. A visão imaginada dos pais em coito violento e perpétuo forma parte central da problemática do conhecimento e de como ele aparece na realidade psíquica: catástrofe sexual. Novamente o feminino e o ventre materno são o palco de um espetáculo de vínculo brutal entre dois objetos: os pais. Totalmente ligados, como se fossem xifópagos genitais, pai e mãe constituem-se no e como modelo medonho do conhecimento e do vínculo dos homens: um modelo primário de lógica e de relação que faz do corpo visível, da visão e do ver um experimento arriscado ligado ao conhecimento do mundo mental de outrem como ato de invasão sem limites, violação, violência.

Desesperadamente grudados um ao outro, pai e mãe não permitem a mais ninguém existir, destroem qualquer discriminação entre sujeito e objeto e impedem qualquer construção da realidade como algo separado de si. Por um lado, a verdade alucinatória que a figura dos pais combinados engendra é um tipo de conhecimento que funciona como evitação e inibição do conhecimento das diferenças, fornecendo a base psicótica dos processos ligados ao conhecimento das igualdades simples e, por outro lado – o lado da ciência –, fornece também a base para as equações matemáticas, que, como igualdades abstratas, conservam em seu íntimo um quê de insuportável. Por outro lado, é essa mesma cena que indica a dor da discriminação já feita sem mesmo ter sido ensinada, pois reúne, de forma bizarra e perigosa, partes (pai e mãe, vagina e pênis, boca e mamilo) que sabidamente são separadas, mas estão inevitavelmente fundidas para serem suportadas afetivamente ou matematicamente supostas. Além disso, essa tendência à ligação e à separação para que algo possa ser pensado (e investigado do ponto de vista científico) leva a marca de amor perdido para sempre, somente resgatável pelo símbolo que está intensamente próximo da morte e por conseqüência da desilusão. Talvez o próprio símbolo fosse esse estado povoado de esquecimento que necessita de algum objeto que ajude os dois indivíduos que se separaram a recuperar sua identidade e a memória do vínculo de amor existente entre eles. Uma passagem de Lino de Macedo, diz:

> *Um dos significados de símbolo é o de poder reunir, ligar de novo, algo que foi quebrado. Refere-se a um costume muito antigo em que se partia ao meio um objeto de estimação, oferecendo-se a metade àquele que fazia a visita e ficando com a outra o que recebia a visita. Reunir, voltar a juntar estas duas partes, compondo de novo o todo, era a promessa que ambos se faziam. A parte presente representava a parte ausente e esta, aquele que está com ela; lembrava aquilo que não mais podia ser esquecido.*[13]

Assim será a cena primária, o início mais rudimentar da relação entre conhecimento, violência, medo e depressão, pois o símbolo da existência da própria criança – e mais precisamente de seu corpo – será feito e representado na emoção vivida nesse mundo de semelhanças. No interior do corpo da criança, metade macho, metade fêmea, inseparável, a figura combinada dos pais, conceito tão prezado por Klein, nada mais será que o próprio bebê; isto é, o bebê unifica em seu corpo a sexualidade genital de seus pais: aliança e desunião, cópula e repulsa, saudade e desprezo, ligação e separação, amor e violência, sendo, o filho, a materialização dessa contenda e dessa busca que no mais das vezes lembra justamente uma maldição.

---

13. Macedo, L. *Pronunciamento do paraninfo*, 1992, São Paulo, mimeografado.

## Em busca de um suporte empírico

Antes de finalizar este capítulo, gostaria ainda de frisar alguns pontos de ordem geral que devem percorrer os três ensaios que compõem o eixo central deste texto.

Tendo definido como área de estudo – além das já enunciadas – as questões ligadas à "inibição intelectual", à contração do desenvolvimento, a sua parada, e tendo que respeitar um certo modelo acadêmico, já que este livro é fruto de minha relação com a universidade, creio ser importante ainda dizer o que se segue.

Nos casos observados, ao longo de meu trabalho tanto na clínica quanto no contexto escolar, era evidente a quase inacessibilidade às crianças. Era enorme a distância a ser percorrida entre mim e eles, principalmente porque era difícil, ao estar com eles, fazer uma boa distinção entre o que poderia ser eu e, pior ainda, o que poderiam ser eles.

Compreendi, assim, porque Bruno Bettelheim,[14] em seus escritos sobre o autismo, denominou a criança autista de "fortaleza vazia". Era exatamente esta constatação que eu fazia e que permitiria tornar mais objetiva minha proposta. Queria trabalhar a teoria kleiniana como teoria da deformação do conhecimento no homem, pois nela encontram-se as bases teóricas da mais absoluta recusa à construção do conhecimento, isto é, lá estão os fundamentos teóricos sobre um narcisismo que eu gostaria de nomear de "narcisismo negro", seguindo uma sugestão de André Green em seus estudos sobre o narcisismo de vida e de morte. Porém, algo diferente dele, a questão para mim refere-se ao ódio, ao ódio que não permite a ninguém que se forme uma noção de existência pessoal, ódio que é o silêncio ligado a essa existência pessoal e que aponta insistentemente para o vazio da

---

14. Bettelheim, B. *A fortaleza vazia*, Livraria Martins Fontes Editora Ltda., São Paulo, 1987.

"fortaleza" associado à força compulsiva da imaginação que se tece no vazio que o homem experimenta com o nascimento. Em uma palavra, procurei falar de um narcisismo que trabalhava com a potência de uma história não vivida, com o horror da ação sem significação em oposição à história das possibilidades da ação.

Era esse o viés que eu buscava e que agora ficava mais claro. Quanto mais eu avançava em minhas observações via seres humanos que não podiam, por algum impedimento interno, ter acesso ao "propriamente humano". Homens que viviam em uma lógica que organizava algumas de suas ações, mas não apresentavam capacidade para brincar, quando tentavam simbolizá-las. Havia narcisismo, mas não havia eu. Havia objeto, mas não havia o outro humano. Havia necessidades a serem cumpridas, mas não havia, muitas vezes, vontade própria. Crianças gravemente comprometidas em termos psíquicos revelavam de maneira clara o quanto de rejeição ao aprendizado estava presente em sua relação, tanto com o mundo que as cercava, quanto com o próprio psiquismo. Via-se quase a olho nu o montante de "ódio" – como diria Klein! – que estava investido contra o próprio psiquismo e o campo dos objetos a serem conhecidos. O conhecimento, para eles, era descartado como possibilidade dada a quantidade de ódio que daí adviria.

Pude definir que meu interesse, agora claramente, centrava-se nos aspectos passionais do conhecimento, isto é, no conhecimento inconsciente sobre o mundo como forma de horror insuportável a esse mundo. Consegui, com isso, localizar as vísceras como o ponto de emergência das significações mais primárias e definir também – e em oposição ao passional – a frieza, a ausência das significações viscerais, como a mais primitiva defesa do psiquismo contra a significação do mundo. Nesses sujeitos o mundo poderia ter lógica, porém não teria nenhum sentido. Seriam indivíduos, como Bion os pensava, em que a função do pensar estaria muito

# INTRODUÇÃO 39

comprometida, ou seja, a psique não funcionaria "como um bom instrumento para pensar sobre as experiências emocionais".[15] Verdades viscerais jamais seriam pensadas; o mundo estaria dado de antemão como já conhecido, seria um *dèjá vu* perpétuo, uma espécie de circo de monstruosidades impedindo que a curiosidade sobre si e sobre o mundo se formasse dentro de um tempo e um espaço. Tudo seria imediatismo quase puro. Instante fulminante, psicose, ausência de perspectiva, morte e, conseqüentemente, ignorância e inibição da capacidade de conhecer.

Com esses dados teóricos alinhavados comecei a tecer uma relação, já evidenciada nos textos kleinianos, entre gratidão e conhecimento, entre tristeza e símbolo, entre "apossamento violento" e "instinto epistemofílico" e, mais do que isso, entre paixão, saber primitivo e sublimação. Isso me levou aos problemas ligados à construção das estruturas e das qualidades psíquicas, ou melhor, de como era possível o apreender – do ponto de vista inconsciente – a existência de formas e conteúdos e como estes poderiam interferir na construção ou destruição da realidade propriamente humana?

Assim propus uma oposição entre pulsão e objeto, entre experiência emocional e frieza, entre ato e ação e comparei esses dois conceitos nas obras de Freud e Klein, demarcando possíveis pontos de contato e divergência entre eles.

A partir daí tomei algumas ramificações teóricas e encontrei um problema complexo do ponto de vista epistemológico: a oposição entre signo lingüístico e objeto estético (objeto da experiência corporal), como visão de mundo e não como questão de cultura. Vi-me obrigado a contrapor o

---

15. Meltzer, D. *O conflito estético: o seu lugar no processo de desenvolvimento*, tradução portuguesa de Emílio Salgueiro, mimeografado, Biblioteca do Instituto de Psicanálise da Sociedade Brasileira de Psicanálise de São Paulo – SBPSP, 1987.

tempo da construção da palavra ao tempo da construção do afeto, ou melhor, ao tempo da construção do impacto emocional, da experiência estética em que o não estruturado, o não finito, o vago da existência prevalecem como modo primário, como aleatório contínuo jamais compreendido em uma explicação e jamais comportado pela estrutura. Dando preferência aos campos da imagem, como próprios ao objeto, e do afeto, como próprio ao sujeito, estaria enfatizando o óbvio e querendo propor que no princípio era a ação e não o verbo, como Freud no final de *Totem e tabu*.[16] Estaria querendo marcar que a história da ação era uma história que privilegiava o corpo em detrimento da palavra e que o fundo mudo da presença que tanto odeia ao ser em nós era completamente ato que brutalizava qualquer gesto.

Seria possível afirmar que a palavra está no corpo, assim como tudo o mais? Dizer que o corpo é a expressão pura da existência de uma gênese lingüística e ao mesmo tempo de uma lei, a da autodestruição, a dos dias contados, a do inevitável, aquele que é impossível de ser antecipado? Com isso estaria querendo demonstrar que o corpo era a condição da palavra, já existia antes dela, sendo sua afirmação categórica. Antes do discurso, no corpo, havia mais história e ação e mais esquecimento que na língua e ao mesmo tempo não quis perder de vista essa dimensão de que o verbo havia estado sempre presente no corpo mais como canção (imagem-acalanto), murmúrio, que como palavra. Assim, tive uma história circular que acabaria por não terminar de responder, deixando-me encabulado por querer enfrentar e responder em oposição à majestosa teoria lacaniana contra o afeto que sempre foi considerado por Lacan como uma questão de segunda mão.

---

16. Freud, S. *Totem e tabu* (1913), tradução de Órizon Carneiro Muniz, Edição Standard Brasileira das Obras Psicológicas Completas, Rio de Janeiro, Imago, 1974, cap. I, v. XIII.

Foi assim que pensei: o corpo é o ponto-limite, demarca e fixa a dimensão de nosso percurso, colocando-nos como questão a de saber se queremos aceitar o desafio de construir um caminho simbólico até alcançar a morte com essa terrível dor que sempre vasa de nosso peito. Assim me socorri da idéia uma vez lida em Paul Ricöeur,[17] quando ele fala sobre a presença do mal, e que diz: o corpo humano (e o humano propriamente dito) é o único ponto por onde emerge a morte no mundo. Assim diz Paulo, em sua *Carta aos Romanos*: (...) "Por intermédio de um só homem entrou o pecado no mundo, e a morte por intermédio do pecado, e assim a morte se espalhou a todos os homens, porque todos tinham pecado". (Romanos, 5:12). É evidente que isso indica a íntima relação da autodestruição, do corpo e do pecado do ponto de vista da mitologia bíblica e, mais ainda, indica a relação entre pecado e conhecimento, fruto proibido, colocado no centro do paraíso, fruto de uma árvore que dá como filhote brotos de conhecimento, mas que horroriza ao Pai. Assim, eu chegava por essa via, inevitavelmente, à relação entre conhecimento, morte, pecado, paraíso, Deus, expulsão, erro e culpa e, chegava também, à questão da ação errada como aderida ao conhecimento diante do criador. À palavra, ao verbo, caberiam as tentativas de escapar dessa cadeia corporal que sintetizava, num único gesto, começo e fim, corpo e queda, corpo e morte, desilusão muito distante, arrastada por tanto tempo para trás que nem os sons, menos ainda a fala, se haviam manifestado.

Optei pelo corporal para seguir a proposição que eu supus ser a que melhor centrava a colocação kleiniana sobre a pulsão de morte. Optei pela imagem, não porque desvalorizasse a palavra, pelo contrário, era útil – diante da tirania estruturalista que o lacanismo nos havia imposto – poder

---

17. Ricöeur, P. *O mal – um desafio à filosofia e à teologia*, tradução de Maria da Piedade Eça de Almeida, Campinas, S.P., Papirus, 1988.

pensar na força que o corporal (e com ele todo o aparelho simbólico sensoperceptivo) tinha e exercia sobre a palavra, enclausurando-a nas dimensões das ações cognitivas e de um físico vindo com um poder simbólico que já tinha representado a morte e todas as ações civilizadas de culturas anteriores.

Meu desejo era estar sendo guiado pela pesquisa do elemento imagético e visual (aqui, portanto, a relação com a inveja, com a estética e com o olhar), pois julgava que a fusão, imagem-afeto-corpo poderia ser o momento primeiro da apreensão estética da própria experiência emocional particular ao encontro humano.

Esta abordagem levou-me a pesquisar um autor psicanalítico que pensasse de modo mais específico a questão da apreensão estética do mundo. Esse autor foi Donald Meltzer, psicanalista norte-americano radicado na Inglaterra, seguidor do pensamento de M. Klein e W. Bion. Em seu trabalho ele diz:[18]

> *Fora das paredes invisíveis do pensamento psicanalítico creio que é geralmente aceito, e eu diria, de novo, sem pensar muito sobre a questão, que o cérebro é um computador gigante e que a mente é o cérebro, e que qualquer outra descrição não passa de uma metáfora. Mas, na realidade, esta é exatamente a questão: a mente é a função geradora de metáforas, que usa o grande computador para escrever a sua poesia, e pintar seus quadros de um mundo cintilante de significados.* E significado é, mais do que tudo, a manifestação fundamental das paixões nas relações íntimas com a beleza do mundo.

---

18. Texto apresentado em um encontro, que houve aqui no Brasil, entre ele e os psicanalistas locais, no ano de 1988. Grifos meus.

INTRODUÇÃO 43

> *Desde que aceitemos a descrição de Bion da "experiência emocional" como o acontecimento primacial no desenvolvimento, torna-se claro que os seus conceitos 'vazios' da função alfa e dos elementos beta conduzem essencialmente a uma distinção entre a formação dos símbolos e o pensamento, por um lado, e a computação, usando signos e modos simples de extrapolação das experiências passadas e das idéias recebidas, por outro. A criação dos símbolos idiossincráticos, em oposição à manipulação de signos convencionais, marca o separar das águas entre crescimento e adaptação na personalidade.(...)*
> *A distinção feita por Bion entre "apreender pela experiência" e "apreender sobre o mundo" é esclarecedora. É igualmente marcada pela distinção que fazemos entre formas narcísicas de identificação (projetiva e adesiva), que produzem uma alteração imediata, e de algum modo ilusória, no sentido de identidade, e o processo introjetivo, no qual os nossos objetos internos são modificados, conduzindo a gradientes de aspiração para o crescimento do* self.[19]

Esta passagem precisa bem os dois extremos entre os quais os humanos tentam produzir a existência humana e o conhecimento verdadeiro. Um, o computacional, puro catálogo bem construído por um esforço de memória gigantesco (esforço feito por obrigação e não por prazer), e o outro, o propriamente humano, apoiado na possibilidade de suportar a experiência emocional e na capacidade para viver a depressão particular ao vínculo com os símbolos e com o conhecimento.

---

19. Meltzer, D. *O conflito estético: o seu lugar no processo de desenvolvimento, op. cit.*

Nessas oposições, entre o simbólico e o não simbólico, que também apontam para problemas da área do conhecimento (no modelo significar e transformar), volto à minha pesquisa para enfatizar que a teoria kleiniana sobre o conhecimento inconsciente traz a marca da potência das imagens (das recordações oníricas projetadas no objeto) sobre o psiquismo humano; e a potência de processos que, como a assimilação e a acomodação, nas relações entre objetos, aparecem ligados aos afetos da gratidão e do reconhecimento, sem os quais a cognição não poderia manifestar-se.

Volto ao assunto deixado lá atrás para enfatizar que, no final de sua obra, Klein propõe, além desses articuladores do conhecimento, mais um: a inveja, como mecanismo de defesa fundamental contra o conhecer. A inveja será sempre uma espécie de discórdia com a vida, de mau gosto com a existência, horror ao mundo, profunda manifestação do ódio ao conhecimento e ao crescimento. Nada pior para o homem invejoso do que se dispor a conhecer; esta era a teoria do conhecimento experimentado sob a égide da pulsão de morte como eu a vejo em Melanie Klein.

A inveja (desejo arcaico de nada ver, nada saber, nada experimentar e de não crescer) podia representar a destruição do "instinto epistemofílico" em sua raiz, o corte da possibilidade de religar o homem ao símbolo, enfim, a reação brutal contra a existência do corpo como mediador fundante e eterno entre homem e divindade, entre homem e real; mais do que tudo, a destruição do corpo como mediador entre natureza e cultura.

## Nota universitária

Aqui faço uma nota acadêmica, uma vez que este livro é fruto direto de meu trabalho de mestrado. Exponho a qualidade da relação entre meu pensamento e o construtivismo piagetiano, corrente de pensamento que me serve de referência, ou melhor, de contraponto não psicanalítico: sou simpatizante, mas não filiado. Estou limitado a noções amplas e genéricas que não me permitem a profundidade necessária para declarar compromissos maiores.

Os pontos que mais me são caros dizem respeito à ação e ao objeto. À ação, porque creio ser nela que reside a verdade lógica do conhecimento, ou seja, creio ser nela e através dela que se constrói uma dualidade do encontro consciente/ inconsciente com o objeto; é nela que ficam mais claras as nuanças e curvaturas de cada gesto e sua problemática científica. A capacidade de reproduzir, de intervir e de criar propõe – através da ação – o fazer como o eixo principal para poder pensar o conhecimento. Sensorialidades e gestos aleatórios irão historicamente organizar a linguagem dos movimentos e do conhecimento como a manifestação consciente de um estilo próprio de cada sujeito. Experimentos pessoais sobre experimentos ligados ao coletivo, memórias individuais marcadas por uma trama singular sobre memórias de toda história da civilização humana, ensaios e erros, correções, superações, contradições, ultrapassamentos, mudanças operacionais, operações reversíveis, enfim, um mundo de linguagem matemática saturada de precisões científicas, perigos e de belos encontros formarão a base para o pensar e para o conhecer misturando consciente com inconsciente. Muitas vezes me parece necessário perguntar, o que haverá de nós além do *homo-faber* que somos e da força de nosso esquecimento sobre nossos gestos – inevitável e amargamente – sempre executados no mais das vezes como atuações que como verdadeiras ações?

Ao objeto, que é meu outro ponto de interesse, reservo o valor contraditório de clareza definitiva e enigma que, mesmo se esquivando, acaba por dar forma a uma ação que, sem ele, não saberia o que já é.

Haveria, em meu entender, uma dependência recíproca

entre ação e objeto, entre clareza e enigma, cabendo aos últimos a função de dar uma forma à ação que, sem eles, perderia sua objetividade e, conseqüentemente, sua capacidade representativa, simbólica, especificamente humana. Ao mesmo tempo que o objeto pode ser, ao lado da pulsão, o real quase puro, ele é também aquilo que exige da ação a submissão ao confuso mundo matemático e simbólico, tornando-se idealmente perverso com o sujeito, caso seja vivido como superego violento e incapaz de tolerar a imperfeição. É pena que a verdade dormirá sempre silenciosa no inconsciente do objeto. Nada ou ninguém poderá revelar mais do que a ação é capaz de fazer no que se refere à produção do conhecimento do objeto. Porém, esse mesmo objeto passando pela ação jamais poderá vir a ser algo do homem, pertencente a ele, se estiver fora do contato com nosso corpo, completamente entregue à morte e aos símbolos da cultura que podem desvendá-lo, mas ao mesmo tempo escondê-lo e consagrá-lo.

## Capítulo 2

# Forma e conteúdo

É bem conhecido o ditado segundo o qual o homem teria recebido a palavra para dissimular seus pensamentos. Cada um é livre para pensar sobre isso o que quiser. Mas a linguagem é capaz de exprimir o pensamento? Todos nós sabemos, por experiência própria, que não, que é totalmente incapaz de expor os pensamentos mais preciosos e profundos. A natureza agiu sabiamente, porque o que é profundamente íntimo só ao homem pertence. A reflexão do homem que lhe é verdadeiramente própria não tem palavras, é subterrânea e inconsciente; e a luta da energia formadora com esta natureza muda constitui a vida interior do homem. O que é propriamente humano, aqui, é o interior mudo, aquilo que se chama alma, espírito ou como se queira. É comum a todos, é geral, é o que faz o homem. Mas é o poder formador que faz o seu valor. O que o homem chega a comunicar do seu interior e a tornar ativo, vivo, o valor do que ele formou, assim, é o que diferencia o grande do pequeno, o poeta, que é o maior *dentre os mortais, do povo. Entretanto, mesmo o mais sublime dos poetas não pode traduzir em palavras a parte mais íntima de sua reflexão: sua melhor parte permanece, como para todo mundo, muda, e ele comete um pecado se a revela. É impudico. Perder-se-ia e cessaria de existir como ser individual se chegasse a dizer-se, a revelar-se completamente. Ainda uma vez, a linguagem impõe um entrave, um freio salutar.*[1]

Aqui, a proposta é apresentar algumas considerações e reconsiderações sobre as questões ligadas à discussão científica do desenvolvimento psíquico no que se refere ao problema da forma e do conteúdo (poderia chamar também de continente-contido ou, simplesmente, masculino-feminino) e sua relação com as noções psicanalíticas levantadas pelo pensamento kleiniano, do conhecimento inconsciente e do instinto epistemofílico, questões que são próprias a esta leitura. Por outro lado, gostaria de apresentar recortes de uma idéia que acredito estar presente na obra de Klein associada a esses temas. Eles dizem respeito aos modos de o psiquismo se recusar a adquirir qualquer forma e às mais primitivas maneiras de adquiri-la. Em outras palavras, tento trabalhar a difícil ligação (talvez mais a impossível separação) entre a forma e o conteúdo – à luz da mais radical resistência e evitação ao conhecimento, isto é, a relação "eu-outro" – e, no outro extremo, a manifestação do mais violento desejo de possuir a forma desse outro, invadindo-o, assaltando-o e destruindo-o até conhecê-lo.

Paralelamente, tratarei de um outro aspecto da cognição relendo os textos kleinianos e extraindo deles uma teoria

---

1. *Apud*, D'Epinay, Michèle L., trad. Graciema Pires Thereza, *Groddeck: a doença como linguagem*, Papirus, Campinas, SP., 1998, pp. 43, 44.

sobre o inconsciente do conhecimento, como o ventre gerador das formas mentais primárias. Inconsciente cuja verdadeira função é ser a base primitiva do conhecimento científico, seu assoalho, na verdade, seu centro de fogo, de magma ligando toda a corporeidade à construção do sujeito, do objeto e da cognição como experiência física e formadora, mas que é vivida como aprisionamento fóbico, ou melhor, claustrofóbico. As oposições: conteúdo e forma, macho e fêmea, gênese e estrutura, possível e impossível, soma e psique, corpo e alma, diabólico e simbólico, serão referências fortes como palavras que representam a polifonia em que desejo me imiscuir. Buscarei enfatizar a luta do diabólico contra o simbólico – o corpo abandonado e desabitado diante do corpo tornado obra de arte e obra sagrada – na disputa pela posse do território característico do homem: a psique, a mente, seu ventre ígnio.

O cerne de minha proposta é a busca de uma epistemologia kleiniana que dê conta de diferenciar profundamente o signo lingüístico do objeto estético, o ser falante do ser pensante (nem todos os humanos que falam pensam!), e demonstrar a potência do objeto estético – senhor do mundo sensorial – mesmo que ele jamais consiga ultrapassar o signo lingüístico como estrutura representativa da mente humana; assim me parece ser a escolha de Melanie Klein.[2] Ela opta, sempre que possível, pelas formas passionais do conhecimento que incluem o corpo como questão do inconsciente. E a estética do signo aí se expõe radicalmente, apontando para a construção de uma teoria do conhecimento no plano do inconsciente, no plano visceral.

---

2. Penso que um signo lingüístico pode também ser um objeto estético. Opto, contudo, pela prevalência da víscera sobre o código, da reação sobre a ação, do corpo sobre a letra. O corpo, neste texto, será sinal mais potente que a língua ou a cultura.

## A visão freudiana:
## alguns recortes que marcam uma leitura possível

Em Freud, essa problemática encontra-se abordada de modo curioso. Ele toma, como ponto primordial para pensar a questão da forma, a exigência pulsional. A pulsão, por sua vez, faz uma exigência de trabalho que, diferentemente do instinto, não tem nenhuma solução organizada e estabelecida previamente ao encontro com o primeiro objeto. Isto é, a pulsão seria (talvez!) puro conteúdo, que busca no exterior aquilo que lhe dá forma. Porém – e isso é curioso – Freud diz que o que sobra do encontro com o objeto é apenas a qualidade prazerosa da solução encontrada. Ou seja, o objeto não importa em si mesmo, ele é "apenas"(!) o aspecto contingencial da experiência de prazer, que agora fica registrada na memória do indivíduo como algo a ser buscado e alcançado sem o concurso real do objeto. O ego busca a solução – pelas ações específicas que podem dar ao problema uma forma – para a pulsão e o que encontra é um objeto qualquer. Isso permite, como pensa Freud, registrar separadamente a qualidade – prazer-desprazer – e também a lembrança do objeto. Note-se que uma inscrição é obtida pela instalação do objeto enquanto memória – traço mnêmico – no interior psíquico do sujeito; daí duas soluções: auto-erotismo, anobjetalidade. A outra, a inscrição no ego, fica em aberto até Freud começar a teorizar os temas que o levaram a sua segunda teoria; nesta "tópica" teórica ele será obrigado a falar de um ego inconsciente capaz de sustentar identidades que lhe dão forma, violentamente, e que, no entanto, ele desconhece, isto é a teoria das identificações e da identidade. Isto será, em Klein, o superego. Porém, ao inconsciente freudiano a única solução que interessa é o encontro da qualidade prazerosa (ou da descarga da tensão no psíquico): uma vez que pôde ser obtida do encontro com o objeto, basta então recordá-lo. No inconsciente não se buscam objetos, mas apenas o rastro prazeroso que neles foi encontrado em um momento casual. Poderíamos dizer ainda que a única forma que o objeto tem, para Freud, é a forma do prazer. E aqui a forma é puro conteúdo: prazer. Prevalece o método, o procedimento básico do aparelho, isto é, a descarga, sobre o encontro humano que está se realizando.

Para o mundo inconsciente, então, não há identidade que lhe dê forma, pois ali só se investe na qualidade prazerosa destituída do seu aspecto formal; gozo, como diria Lacan.

Parece-me ser nesse sentido que se pode pensar o autoerotismo como uma ordem (uma organização) em que a recusa a adquirir forma – e com isso conhecimento – é a regra fundamental, o próprio órgão afetado pela excitação é objeto bastante para o apaziguamento pulsional. O objeto, o contorno, a ordenação lógica da ação e da percepção do mundo estão absolutamente desprezados ou, pelo menos, apenas tomados como algo que fala da pulsão, mas não importa. Os processos que derivam do autoerotismo são primários, sem mediação do objeto externo, que agora é objeto de alucinação e memória mas não de busca ativa. Mesmo que se busque, pelo caminho da alucinação, a identidade da percepção, esta está submetida ao princípio de prazer e este aprisionado na dimensão do prazer-de-órgão (*Organlust*). Porém Freud pensa que, para obter prazer, não é necessária a presença do objeto que lhe dá forma; basta que esteja inscrita no inconsciente a maneira fixa e repetitiva de obter prazer lançando mão da memória. Aqui a função vital está desprezada:[3] o imaginário redesenha o prazer obtido no encontro com a realidade, reinventando-o, mas ao mesmo tempo desprezando-o.

---

3. Laplanche, J. e Pontalis, J.-B. *Vocabulário da psicanálise*, tradução portuguesa de Pedro Tamen, Martins Fontes, Santos, Brasil, 1970, Moraes Editores para Língua Portuguesa. Verbete "Prazer de Órgão".

Para o princípio de prazer o objeto não existe – ou só existe enquanto objeto da pulsão. A única coisa que interessa do ponto de vista do método de procedimento do aparelho é o prazer, mesmo que se possa chegar ao absurdo de obter prazer na própria experiência de dor: "Que seja desejo de viver ou desejo de morrer, isso não tem sentido para o inconsciente(...) não há desejo negativo para o inconsciente, só há desejo".[4] Em Freud, o sujeito do inconsciente, com certeza, é amoral e, mais que isso, insensível, a-visceral! É repetição pura. O único ser que faz sentido para Freud é um ser hedonista, submerso em sua sensopercepção, produzindo com ela realidades virtuais que inventam a satisfação e que, no entanto, desprezam o sujeito, o mundo existente e o outro dessa relação.

Mas Freud, sem se dispor a discutir sua teoria à luz de uma possível visão filosófica ou estética, abre espaço em sua exposição para o conceito de "forma", não pela via da relação de objeto no sentido de que o objeto captura a pulsão e a obriga a submeter-se a ele. Pelo contrário, tomando como base a noção de princípio de prazer – que implica a morte –, a única captura ou a única ordem formal que se instala no mundo psíquico é a do aprisionamento pela cultura, pela língua, pela moral, pela ética dos pais (que representam a forma possível de manifestação no mundo), interpondo a realidade ao prazer. Isto é, o superego é que impõe forma à indomável fúria inconsciente de buscar prazer. A rigor, em Freud, não há forma, há lei. Sendo assim, pela via do prazer, o indivíduo está fadado à morte, ao gozo como pura descarga, ao desmanchamento e ao retorno ao inorgânico. Pelo lado do superego, está fadado à submissão inquestionável, à ordem simbólica, àquela ordem que impõe com violência sua forma, ou seja, sua lei; lei de composição, lei dos lugares na

---

4. Dolto, F. *Inconsciente e destinos*. Seminários de Psicanálise de Crianças, tradução de Dulce Duque Estrada, R.J., Jorge Zahar, 1988.

cultura. Sem argüir se o sujeito necessita daquilo, submete-o, obriga-o, coagindo e sufocando esse sujeito à ordem dos lugares sociais que são controlados pelo julgamento moral. Transforma aquilo que era qualidade prazerosa (gozo) em proibição, em lei, em forma cristalizada, enrijecida pela função totêmica; em uma palavra, o superego é o exterior social cavado e incrustado no interior psíquico, é signo forjado na filogênese do narcisismo humano, que atravessa, como uma imago milenar, a história do indivíduo e o arrasta direto contra a parede da vigilância social, grande olho crítico.

É evidente que aqui não será possível – nem esta é a pretensão – esgotar o tema da forma e do conteúdo em Freud. Mas é preciso ainda abordar essas questões enfocando o ego e, mais do que este, todo o campo do narcisismo. Porém, deixarei apontado que é na virada teórica, que começa em 1914 com o texto *Sobre o narcisismo: uma introdução*[5] e que culmina em 1919/20, com o artigo *Além do princípio de prazer*,[6] que se abrem as possibilidades de pensar na construção da identidade como repetição e na construção do eixo fundamental narcísico, que não permite que o sujeito se asfixie na multiplicidade estonteante das formas, optando por uma única que, no entanto, mesmo que o defina, acaba por afogá-lo – mas isso já não é Freud.

Prossigo. Desdobrando-se em milhares de partes, cuja vida pode transcorrer independentemente em relação às outras, sem nenhuma relação de implicação ou conseqüência, o sujeito (ou o eu) poderá ser todos, mas o narcisismo o fará

---

5. Freud, S. *Sobre o narcisismo: uma introdução*, 1914, Edição Standard Brasileira das Obras Psicológicas Completas de Sigmund Freud, R. J., Imago, 1974, v. XIV.
6. Freud, S. *Sobre o narcisismo: uma introdução*, 1920, Edição Standard Brasileira das Obras Psicológicas Completas de Sigmund Freud, R. J., Imago, 1976, v. XVIII.

ser um, aquele que é o desejo dos pais e que se repete como espelho narcísico: é no olhar dos pais que está a figura ideal do sujeito! Não?

É na segunda tópica, porém, que estão investigados temas voltados à solução de problemas ou à construção de questões de que a primeira tópica não havia abordado. É na segunda tópica que surge o objeto como suporte da identificação primária com o seio, o falo – núcleo do narcisismo. Essas idéias aparecem subvertendo e repensando os problemas abertos pela teoria nascida na clínica da histeria, agora estamos na clínica do narcisismo. Aqui, a melancolia e a psicose (as parafrenias) vão para o primeiro plano e com elas o outro humano, sua morte e o luto dessa morte assumem um espaço maior no conjunto de uma obra que tinha como referência fundamental o modelo econômico do princípio de prazer. Nesse ponto, a morte – e com ela a destrutividade humana – tomam a frente, deslocando a ênfase teórica do inconsciente para o eu, para o narcisismo. Conseqüentemente, enfatizam o outro, mesmo que seja outro apenas para a pulsão.

Emaranhada nessa nova escrita de Freud, e comprometida com outras discussões advindas dos meios psicanalíticos da época, Melanie Klein, sem especificar claramente, opta por uma teoria que privilegia a forma que a morte confere ao encontro com o objeto. Recusa-se a pensar no aparelho psíquico como fruto do princípio de prazer e reformula este último conceito como angústia de aniquilamento, pois ao prazer não importa o eu já existente. O corpo tampouco importa; o que deve acontecer ao aparelho é livrar-se da tensão que invade o psíquico. Assim, tudo o que aponta para a descarga, em Klein, é do domínio da morte, portanto não é capaz de receber forma, só qualidade, uma qualidade má. Melanie Klein pensa que, antes de alguém poder investir na lembrança – alucinada – do prazer, o indivíduo está condenado ao formato psíquico oferecido pelo objeto contra a morte. O superego em M. Klein interrompe o projeto de dissolução que a pulsão de morte traz em seu interior. Proibido de morrer e obrigado a tomar a forma idêntica de seu senhor, o ego petrifica-se diante do terrível seio totêmico, o qual está fadado a encontrar toda vez que surgir através dele (do ego) uma demanda pulsional que exija uma ação específica de descarga, como pensava Freud.

O seio em Klein (e talvez num certo sentido também em Freud) não pergunta nada sobre o desejo da criança; pelo contrário, ele o determina e, mais do que isso, determina-o não só como desejo, mas, isto sim, como necessidade. Obrigada a sugar o seio, até pela lógica reflexa da sucção, a criança não tem outra alternativa que não a de tomar a forma do objeto que a ela se impõe como único possível, isto é, o objeto é necessário e portanto não há como refutar esta afirmativa fundamental. Em Klein ninguém escapa à lógica do seio: "Seio, logo sugo e só assim existo".[7]

A teórica das relações objetais não abre espaço para a opção proposta por Freud sobre um princípio de prazer diferente de um de inércia. Sob o princípio do prazer se esconde a pulsão de morte; optar pelo prazer é optar pela morte para M. Klein. O auto-erotismo é a fragmentação psicótica, e o superego – que é forma pura – está autorizado a matar a pessoa que formular o prazer auto-erótico antes do medo. Sem medo da morte não há símbolo. E sem os dois, morte e símbolo, não há prazer. Sem medo e sem símbolo só haverá corpo puro, sem as mãos da mãe para lhe impor e dar uma forma psíquica de acolhimento, sonho, pesadelo, horror e conhecimento.

Levando esse olhar às últimas conseqüências, eu diria que em Freud a pulsão representa a ausência de forma e o

---

7. Talvez um cognitivista dissesse: "Ajo, logo algo em meu agir diz que eu existo!". Ou ajo e, por isso, logo tomo contato com minha existência, que logo transforma esse agir em um esquema de ação e de conhecimento.

esquecimento absoluto do eu e do outro. Ao ser surpreendida pela forma do objeto, esta pulsão toma do objeto apenas o efeito prazeroso, abandonando o objeto como carcaça desinteressante. Com certeza, há, no campo do princípio de prazer, uma boa ligação com o conceito de inveja. Agrada-me pensar o princípio de prazer como desprezo total pela pessoalidade do objeto. Para ser mais preciso, poderia dizer que tanto no princípio de prazer, quanto na inveja o vínculo com o mundo simbólico – propriamente humano – está desfeito ou em vias de se desfazer. O real não importa, não atrai, pois a ele nada pode ser atribuído. Na inveja o objeto não está destruído como necessário, é o valor humano – simbólico – que recebe uma violenta descarga de ódio. O objeto é usado e simultaneamente inundado de fezes para tornar-se desprezível e inválido. Uma vez capturado seu conteúdo, ele será a forma mínima e suficiente para fazer funcionar o inconsciente. Por exemplo: em Freud a pulsão é bissexual, o que implica ser pura ausência de forma; o corpo nada vale diante do método. O aparelho psíquico capta o conteúdo de uma relação objetal e o utiliza como modelo de satisfação; isto é, satisfaz-se com a lembrança da satisfação, opta pelo método, pelo investimento na memória, e não pelo encontro: princípio de prazer, pulsão de morte, perda da identidade, ausência de lei, ausência de corpo. Memória que substitui a vida.

    Em Klein, não há pulsão sem forma, uma vez que ela – a pulsão – está presa ou é refém da captura corporal do espírito. Toda pulsão já contém em si a lembrança do encontro perfeito entre o eu e o outro. Psique e soma, macho e fêmea, vagina e pênis, obviamente formam verdades e dualidades que devem ser aceitas; caso contrário, resta a psicose. Evidentemente esta é uma teoria que, diferentemente da freudiana, eleva o corpo ao status de uma dualidade simbólica, primária e correspondente à verdade, mesmo que trágica, de cada homem. Portanto tudo o que for contra o cumprimento desta imposição está descartado do mundo humanizado, sendo revelado ao mundo como mecânica esquizofrênica. Isto é, uma vez apresentado o corpo à pulsão, esta não pode furtar-se à submissão à verdade lógica desse corpo: ter corpo quer dizer ter forma primária, história e destino e, o que me parece mais duro, é também ter um eu que já é sujeito, súdito desse corpo que lhe dá forma, lugar no mundo e ações precisas para produzir conhecimento.

Para M. Klein, só a quem pode suportar ter corpo é possível temer o aniquilamento, por ser nele que a morte está inscrita. É por isso que se pode ver na afetividade psicótica a expressão viva do horror ao corpo – que se apresenta como morte e como ação imperfeita. O corpo porta consigo a dor da transitoriedade que o psicótico vê e não sustenta, o psíquico é de outra ordem, é imortal, está no infinito, fora do tempo e da vida – é o que Freud nos diz o tempo todo.

Pode-se afirmar que essas questões levantam um problema epistemológico milenar:

> *Somente após ter decaído é que o anjo introduz no mundo a dor, o corpo e, com eles, a morte? Platão estava certo ao dedicar toda uma obra ao amor e ao mundo inteligível; será mesmo verdade que no corpo tudo é cópia imperfeita?*

Essa problemática centra também a problemática do conhecimento. Vários teóricos se vêem tendo que evitar o sensível para poder pensar no próprio conhecimento. Lançando mão de signos matemáticos, assumem o outro extremo da noção de forma, que é pura letra, pura lógica combinatória. No entanto, para Klein, nunca poderá haver um corpo de conhecimento se não houver a sacralização do corpo e do conhecimento que advém do corpo. Julgo importante apontar para a teoria piagetiana e chamar a atenção para a relação indissolúvel, no plano da cognição, entre sujeito do conhecimento e ação (esquema de ação). Isso reafirma, em certo sentido, a impossibilidade de haver conhecimento sem corpo, um conhecimento só matemático. Porém também não poderia haver corpo sem a submissão a uma lógica. Cito Piaget:

> *De modo geral, todo ser vivo agindo sobre o meio graças aos comportamentos (modelos dos "processos") é por si mesmo um sujeito e não somente um objeto.*[8]
>
> *Com efeito, sendo o sujeito um sistema de ações e de coordenações que as ligam, as primeiras orientadas para uma objetivação crescente e as segundas fornecendo o ponto de partida de estruturas progressivamente interiorizadas, não basta, para atingir as relações entre o objeto e as estruturas, considerar a situação a um nível particular do desenvolvimento psicológico ou da história das ciências: é necessário remontar às fontes e comparar entre si as etapas do devir.*[9]

Assim, é evidente que, tanto em Klein quanto em Piaget, a tensão da questão corporal é aquilo que dá sentido e timbre à obra humana.

## A visão kleiniana:
### uma leitura que não se pretende exaustiva

O modo de pensar o nascimento e a organização do psiquismo humano, na perspectiva kleiniana, irá inevitavel-

---

8. Piaget, J. *Arquivos de psicologia – ensaio sobre a necessidade*, tradução livre de Ana Maria Moreira Cesar, mimeografado.
9. Piaget, J. *Lógica e conhecimento científico*, tradução portuguesa de Souza Dias, Livraria Civilização – Editora, Porto, 1981, p. 544.

mente implicar uma proposta, mesmo que genérica, de um sujeito epistêmico capaz de construir e apreender o mundo a partir do corpo, desde que a pulsão não lhe impeça esse projeto. Entretanto, para ela, a pulsão é a pulsão de morte e a escapatória é a sublimação e a tristeza.

Na obra kleiniana os primeiros modos de apreensão da realidade e a conseqüente construção do real são as *phantasias* compreendidas pela posição esquizoparanóide e pela posição depressiva. Note-se, a princípio, como a mãe não tem função cognitiva; é o corpo do sujeito que significa, sinaliza. Esses modos (o esquizoparanóide e o depressivo) apontam, estranhamente, para um *método inconsciente de conhecer*. Grifo esse aspecto, pois ele comporta um paradoxo: o inconsciente é desconhecimento absoluto, pois tudo nele já é dado previamente e portanto opõe-se ao conhecimento, já que não se faz a partir do devir, isto é, o conhecimento inconsciente se constitui num golpe só: "Ignoro tudo; portanto... sei tudo". É a onipotência de um conhecimento que é fruto somente da compulsão defensiva de imaginar como potência a própria fraqueza.

Porém, é no impossível de conhecer que, para Klein, se encontram essas formas primárias do conhecimento. Em Klein, a primeira representação psíquica da morte é o risco de perda da única forma possível de se representar, isto é, a morte se apresenta como destruição do organismo, do eu corporal, é o eu que está em questão. O morto – o eu morto ou o sujeito passível de morte – em seguida representa-se como se fosse um desdobramento sucessivo da formação do sujeito inconsciente; sujeito este prisioneiro de um sistema contínuo de perseguição – a paranóia – ou congelado na pura forma que o objeto lhe impõe – a catatonia.

Diante da propulsão contínua em direção à morte, o sujeito, em vias de extinção, petrifica-se, congela-se, tomando a forma da enigmática figura esquizóide: uma figura que representa a loucura da morte que há no encontro entre a boca e o seio. Se houve, de fato, na filogênese humana – como Freud e Ferenczi pensavam em sua correspondência – uma era glacial, estas duas hipóteses agora se reapresentariam narcisicamente na frieza inigualável do autista, do esquizofrênico ou na medonha forma enrijecida do catatônico podendo revelar o eu em pânico que ali se desenvolvia. Sabemos muito bem que violência essas máscaras ocultam; sabemos o quanto de ódio e terror aí estão capturados, desenhados e congelados. São imagens de uma angústia só passível de compreensão se for tomada como manifestação psíquica diante de mudanças catastróficas – geológicas e civilizatórias – e profundas.

Muitas vezes penso sobre certos sonhos de alguns clientes e em meus próprios sonhos. Sei a força asfixiante, cheia de êxtase que surge neles quando acontece esse encontro com um objeto que quer existir e no entanto é, para mim, algo impossível. Muito bem pensadas são as imagens narradas por Sherazahad, em *As Mil e Uma Noites*.[10] São encontros com divindades que, quando se mostram aos olhos humanos, assumem não só forma, mas manifestam uma força tão violenta, que deixam lesões absolutamente indeléveis no

---

10. *As mil e uma noites*:
"Decorreu ainda um longo momento antes de o gênio conseguir livrar-se da fornalha, sob a aparência de um archote. De um salto ele tocou o teto da sala e cuspiu sobre nós um jato de fogo, mas foi de súbito alcançado por sua perseguidora. A nuvem abrasante que o gênio lançara contra nós viera acompanhada de violentos jatos de faísca. Uma me atingiu o olho direito e o consumiu instantaneamente. Assim, além de continuar macaco, estava cego! Quanto ao rei, outra faísca tinha queimado e destruído metade de seu rosto, devorando-lhe a barba e a mandíbula, de modo que seus dentes rolaram pelo chão. O escravo foi atingido em pleno peito e devorado pelas chamas; morreu de imediato." (Texto estabelecido a partir dos manuscritos originais por René Khawam, *As Mil e Uma Noites – Damas Insignes e Servidores Galantes*, tradução de Rolando Roque da Silva, S. P., Brasiliense, 1991, p. 119.)

rosto de quem as olha, deformando-o para sempre, implacáveis. Não creio que seja muito possível pensar no inconsciente, no "isso" kleiniano, do ponto de vista estruturalista, mesmo porque nele não há o que se fixa em estruturas[11] mais organizadas: não há mudança, não há transformação. De qualquer forma, Klein nos permite pensar a formação das *phantasias* primitivas em um processo de evolução gradativa, uma espécie de teoria genética, que parte do ponto mais bruto, para atingir um nível mais sofisticado. Essas *phantasias* vão se aprimorando e se tornando mais complexas. Porém isso ocorre em algum lugar fora do tempo, imóvel: parece que, assim ficando, querem criar a primeira maneira inconsciente e rígida de classificar e de construir as categorias dos objetos no mundo interno do sujeito. Quer dizer, o mundo só pode ser visto e nomeado na perspectiva esquizoparanóide ou na perspectiva depressiva; caso contrário, ele não existe. São maneiras evolutivas de ver, mas são também modos eternos de apreender o mundo; isto é, quando estagnadas, as formas evolutivas cristalizam-se em

---

11. Porém, gostaria de lembrar – por meu compromisso com o construtivismo – que, guardadas as devidas proporções, e quase em oposição ao estruturalismo, o construtivismo talvez não possa pensar enquanto forma inconsciente o ato de conhecer. Porque, enquanto conteúdo, o construtivismo pede (exige, por necessidade lógica) integração do que pôde ser conhecido e que, por conseqüência, aperfeiçoa, ou seja, melhora o sistema na perspectiva do já sabido. Enquanto forma, o construtivismo talvez seja uma boa imagem do inconsciente. Este, por definição, está sempre em outra perspectiva daquela que nosso consciente em vão tenta nos impor. Ele está sempre considerando as coisas mais além. Neste sentido, a melhor solução é quando – e ponha-se tristeza nisso – se pode coordenar ambos os pontos de vista (o do inconsciente e o do consciente), eternamente indissociáveis, irredutíveis e complementares! (comunicação pessoal de Lino de Macedo).

estruturas imóveis, ou seja, em superegos primitivos, divinizados, paralisados no tempo onde o próprio tempo não passa, cessando a seu fluxo.

Uma última categoria desse evolucionismo psicótico, dessa sucessão de máscaras que jamais definem nada, que jamais aceitam nada, além dessas duas outras possibilidades que apresentei acima, diz respeito ao objeto que não pode ser visto pelo sujeito. O objeto insuportável de ver, o objeto da inveja, o objeto do ódio contra a visão. Klein, no final de sua obra, abre esta última possibilidade: o objeto será olhado pela referência invejosa do olhar, o olhar assim pensado recende a morte, isto é, na perspectiva do "não querer ver" o olho torna-se objeto insuportável. O invejoso codifica, mas não reconhece; olha, mas não vê. O objeto está – por princípio – destruído pela inveja, destruído pelo desgosto, pelo nojo à vida. Não há nada a ser visto, pois tudo o que poderia haver, no momento da inveja, já não pode mais haver para ser visto. Estranho narcisismo esse; captura o que é bom, não reconhece de onde vem e, como se não bastasse, deixa o objeto que deveria ser fonte de prazer encharcado de maldade: este é o além, "além do princípio de prazer" numa concepção em que o prazer é pura morte ou, pelo menos, é terror diante do encontro humano que é tão intenso que fica inviável.

Seguindo essa linha aparentemente genética da teoria proposta por Klein, encontraríamos uma ordem passível de inscrever-se em uma seqüência temporal evolucionista; então teríamos a inveja (e seus desdobramentos) como a mais primitiva, a mais antiga das reações psíquicas diante do desejo e da necessidade. Nela nada pode adquirir significado, nada pode receber o "verdadeiro" valor. A inveja destruiria o valor ou as qualidades vitais (positivas) do objeto. Aqui não se trata do objeto do desejo; o ataque feito pela pulsão se dirige ao objeto de satisfação da necessidade vital. O invejoso não pode conhecer de modo humano (usando os símbolos e sendo grato) nenhum objeto, principalmente se esse objeto apresentar como característica fundamental a de ser necessário, isto é, o único possível. Entre ser grato à mãe e ao leite que ela lhe oferece – seja próprio ou da mamadeira – o invejoso usa uma forma particular de apreender a realidade; transforma essa realidade em uma realidade destruída, estragada, morta pela projeção pura – em estado bruto – da própria destrutividade do sujeito, no interior do corpo da mãe ou de quem quer que seja que tenha algo para dar. O que indica a gravidade desse modelo de relação objetal não é apenas o fato de ele ser a base das relações psicóticas mais graves, é – e isso me parece mais assustador – o fato de a inveja não exigir manifestação patológica para mostrar sua presença. Ela revela-se em qualquer lugar, a qualquer momento. Está na criança que não olha para a mãe quando mama, no bebê que produz uma gastrite ao mamar; está na criança que não aprende a ler, escrever ou calcular. Está nos adultos (principalmente nas relações competitivas na empresa e na escola), nos casais, nas experiências sexuais, enfim, a inveja é a primeira forma que o conhecimento tem para expressar-se enquanto problema, pois é na inveja que ele já dá sinais de sua violência, de sua morbidez. Ela é a expressão viva da inabilidade diante do desejo de conhecer, da curiosidade e diante do corpo. Dela se deriva o ódio mais arcaico que o homem tem de outro homem e de si próprio – o ódio pelo conhecimento, o ódio por ter sido expulso de um paraíso onde talvez o corpo ainda não deveria ser tornado carne! A inveja, em Klein, é o sinal do encontro com o real da morte sem que ela possa acontecer.

Olhar e apreender o mundo a olho nu é jamais poder vê-lo. Quem o olha de frente não o vê, quem o olha de frente, petrifica-se, melancoliza-se, enegrece pois vê o mundo sem a proteção simbólica necessária.[12] Essa proteção – como já se sabe aqui neste texto – é a tristeza.

---

12. Como solução não patológica e sublimada é somente no olhar

Por esse caminho, não é possível negar a presença de uma teoria estética na obra de Klein. Estética que se abre no interior de uma teoria evolutiva em que, primeiro aparece a cegueira para depois nascer o olhar. A morte é o fundamento do olhar, mesmo que a visão, do ponto de vista fisiológico e perceptivo, já seja possível.

Em seguida, no momento esquizoparanóide, quando já há um espaço psíquico para as primeiras apresentações de imagem, ou seja, quando a visão já faz parte do olhar, quando

---

indireto onde se pode ver o objeto proibido de ser visto. Sugiro a leitura de Ítalo Calvino *Seis propostas para o próximo milênio* e cito esta belíssima passagem: "A relação entre Perseu e a Górgona é complexa: não termina com a decapitação do monstro. Do sangue da Medusa nasce um cavalo alado, Pégaso; o peso da pedra pode reverter em seu contrário; de uma patada, Pégaso faz jorrar no monte Hélicon a fonte em que as Musas irão beber. Em algumas versões do mito, será Perseu quem irá cavalgar esse maravilhoso Pégaso, caro às Musas, nascido do sangue maldito da Medusa. (Mesmo as sandálias aladas, por sua vez, provinham de um mundo monstruoso: Perseu as havia recebido das irmãs de Medusa, as Graias de um só olho.) Quanto à cabeça cortada, longe de abandoná-la, Perseu a leva consigo, escondida num saco; quando os inimigos ameaçam subjugá-lo, basta que o herói a mostre, erguendo-a pelos cabelos de serpentes, e esse despojo sanguinoso se torna uma arma invencível em suas mãos, uma arma que utiliza apenas em casos extremos e só contra quem merece o castigo de ser transformado em estátua de si mesmo. Não há dúvida de que neste ponto o mito quer me dizer alguma coisa, algo que está implícito nas imagens e que não se pode explicar de outro modo. Perseu consegue dominar a pavorosa figura, mantendo-a oculta, da mesma forma como antes a vencera, contemplando-a no espelho. *É sempre na recusa da visão direta que reside a força de Perseu, mas não na recusa da realidade do mundo de monstros entre os quais estava destinado a viver, uma realidade que ele traz consigo e assume como um fardo pessoal.*" (O grifo é meu.) (Calvino, I. *Seis propostas para o próximo milênio*, tradução Ivo Barroso, SP, Companhia das Letras, 1991, p. 17.)

o ato de perceber gera as imagens do terror e não apenas o terror e sua evitação, Klein acredita ser a frieza cadavérica da morte a primeira apresentação psíquica propriamente dita que revela ali a existência de um eu.[13]

Retomo a linha de pensamento que deixei inacabada anteriormente. A experiência de aniquilamento do eu, centro da posição esquizoparanóide, equivaleria a uma proposta violenta de destruição do organismo; ela entra em cena como ansiedade inconsciente de aniquilamento, mas na perspectiva do congelamento e da ausência dos signos evocados pela função de ver. É uma ansiedade sem conteúdo visceral. A sua maneira mais elaborada é a petrificação própria do pânico, ou, se preferirem, o esfriamento próprio à neutralidade científica. A única coisa em jogo é o fim, ou melhor, a finitude, a destruição do *self* – a amnésia completa, o esquecimento do ser. O esquecimento e a morte do organismo fundam-se na verdade fantasiada do limite e assim a morte, o negativo – em sua radicalidade – apresentam-se antes do início da vida.

O não fixar a morte como princípio; o não ser afirma-se antes do ser. A ausência de tempo vem antes do transcurso, a negativa[14] vem antes da afirmação.[15] Para Klein antes da

---

13. Observe-se como a apatia profunda é o sinal da frieza esquizofrênica, do desolamento diante dos signos. O esquizofrênico vive em nível psíquico aquilo que, na apatia, se vive em nível corporal.
14. A negativa em Freud (que está vinculada a uma expulsão primária) também propicia o processo de conhecimento, de julgamento. É espantoso o quanto M. Klein sempre esteve próxima destas questões e do caminho de Freud, ao investigar os problemas da curiosidade e do instinto epistemofílico. (Freud, S. *A Negativa*, 1925, Edição Standard Brasileira das Obras Psicológicas Completas, Rio de Janeiro, Imago, 1976)
15. É curioso notar como – do ponto de vista genético – M. Klein procura um momento fundante em que um estancamento súbito, uma espécie de colisão da pulsão de morte com o objeto, marca e fixa o ponto, o sítio, o lugar a partir do qual passaremos a contar o

aparição do ser, no indivíduo, experimenta-se uma relação de radicalidade com as coisas do "não-eu", com a ruptura, com o objeto, com o outro, com o inominável. Dito de outra forma e na perspectiva do sujeito, o corporal se faz conhecer como forma imperfeita e, no entanto, única, da realidade psíquica do sujeito. Nesse ponto o sujeito é lançado na imensidão da experiência de desamparo e a isso está ligada uma depressão profunda, depressão esquizofrênica, silenciosa, vaga e fria, brutal como um estilete de gelo enterrado no ouvido de uma prostituta, vítima de um atentado brutal fruto de uma visão psicótica do coito. Um lamento, um amargor – sem lágrimas –, um vazio por uma dor irreparável; uma queixa sem palavras, sem motivo aparente, faz do homem o ponto de emergência do sofrimento no mundo, sendo ele mesmo forma e conteúdo para algo que, antes, era da ordem do inapreensível, do puro horror.

Repetindo: na forma de ver de M. Klein primeiro constrói-se a morte, para que depois ela possa esgotar-se e ser significada como medo: primeiro forma-se o psíquico, depois o sujeito e aos poucos a esses dois espaços ligar-se-á o espaço da dor psíquica e do sofrimento, revelando um sujeito agora capaz de comiseração e de reparar os danos que fez, auxiliado pelos elementos simbólicos da tragédia.

Klein fala de uma aptidão inata, cuja função é permitir ao bebê a experiência do temor da morte do organismo, para depois possibilitar a vivência do temor da morte do eu. Resumindo: primeiro a frieza glacial do esquizofrênico; depois a possessão paranóica e depois ainda o constrangimento violento da inveja. Em certo sentido, primeiro nascem os grandes nomes, os substantivos – idéias puras, pura substância –, em seguida a substância adota a forma de uma

---

tempo. Do caos do eu à lógica do outro. Do rígido ao maleável. Do feminino da pulsão, a morte, ao masculino desta mesma pulsão, o desejo.

relação passional entre sujeito e objeto, terminando em puro silêncio sem motivação, apático. Com isso, o que era ausência de forma recebe uma forma (isto é, transforma-se em uma relação de objeto) que a contorna e da qual o sujeito ainda transborda.

A aptidão inata de proteção do psiquismo de que falo é a deflexão que, por sua vez, é fruto da libido narcísica. Em 1927 no capítulo 8 de *Psicanálise da criança*, Melanie Klein cita Freud:

> *Outra porção do instinto de morte não se acha incluída nesse deslocamento para o exterior; permanece dentro do organismo, onde fica 'fixada' à libido graças a essa excitação sexual da qual falei acima. Devemos reconhecer nesta porção o masoquismo erógeno original.*[16]

Aos olhos de Klein, e também a meu ver, essas palavras serviam e ainda servem de justificativa lógica para os problemas lançados com a noção freudiana de pulsão de morte. Podem também ser o fruto da compreensão clínica dos casos graves, das psicoses, das apatias graves, dos profundos sintomas psicossomáticos e das depressões assintomáticas. Aliás, para mim, estas últimas são as inibições intelectuais que venho discutindo, pois caem no campo do masoquismo como defesa primária contra o terror da morte.

A aptidão inata – a deflexão – é fruto da existência, desde o princípio, de uma energia libidinal narcísica que exige que o sujeito se abra compulsivamente para o outro: já existe, ativa no organismo, uma espécie de centelha psíquica viva. Uma libido, algo de Eros, um sopro que indica a proibição da morte fora do seu tempo. É por essa força que a

---

16. Klein, M. *Psicanálise da criança*, tradução de Pola Civelli, São Paulo, Mestre Jou, 1975, p. 177.

morte é expulsa do mundo mental da pessoa (do *self*) e retorna, mais tarde, como objeto violento: superego primitivo, relíquia estética da luta contra a autodestruição. Assim, M. Klein propõe-nos:

> *Freud diz que a libido narcísica deflete o instinto de morte para o exterior a fim de impedir que destrua o próprio organismo e que esse processo condiciona as relações objetais do indivíduo e encontra-se na base do mecanismo de projeção.*[17]

Haverá assim uma construção simultânea do sujeito, do objeto e de uma qualidade particular aos dois: a morte. Do lado do sujeito, a morte se transforma em masoquismo erógeno primário, do lado do objeto, inaugura o outro como um imperador supremo viciado em relações de sadismo erógeno original, e assim o superego torna-se um executor da violência primária, isto é, dá forma sem dar perdão. Forma e conteúdo aqui soldam-se e iniciam os primeiros movimentos do psiquismo humano: atividade e passividade, sedutor e seduzido, sádico e masoquista.

Sujeito e objeto abrem uma dialética que aponta para o jogo narcisista e, simultaneamente, abrem-se também para um estancamento que aponta para o fim, para a captura asfixiante da forma: o terror extremo, a ânsia desesperada por liberdade,[18] a impossibilidade de autoconservação; vida

---

17. *Idem, ibidem.*
18. Temermos a morte, mas, sem dúvida, ela, encenada no suicídio, aponta-nos o quanto o psíquico pode conservar do anseio, do desejo pela absoluta liberdade. Observação: Tomo o termo liberdade no sentido de ausência de coação interna ou externa, ausência ou perda de pontos de referência [Ver no *Dicionário de filosofia*, de José Ferrater Mora (1965), o verbete "albedrio".] Nesse verbete também está presente – enquanto ilação – a oposição criatividade *versus* destrutividade, liberdade *versus* submissão. Liberdade e não

como processo de esquizofrenização, hospitalização, recrudescimento e deterioração.

É em Freud que Klein encontra essa concepção do narcisismo. E é aí que nasce o mecanismo de deflexão – conceito que lhe possibilitará pensar o ponto exato de nascimento do psiquismo. A libido narcísica deflete a pulsão de morte para o exterior; é isso que impede que prevaleça a morte sobre a vida no interior do aparelho psíquico. Uma vez tal pulsão defletida é lançada sobre o objeto externo e este adquire vida (terrorífica, é claro) tornando-se – no plano do imaginário – o primeiro representante vivo da morte no inconsciente: a autodestruição converte-se em heterodestruição, ou seja, a autodestruição transforma-se em um superego primevo. Assim nasce o seio mau, pois aqui é o mau que toma a forma de seio. Portanto, é o objeto mau a forma suficiente que interrompe a descarga completa da energia vital e que proíbe o escoamento pulsional direto. Esse estancamento repentino, essa colisão, esse impacto reenvia à psique aquilo que antes era da ordem do indesejável ou do impossível de suportar, aquilo que a tal libido narcísica havia evitado que fosse despejado diretamente no ego, isto é, a morte, o medo, a violência ligada à própria experiência de estar vivo. A pulsão é agora puro objeto da alteridade, isto é, o outro é nesse sentido o representante da morte. Assim, capturada, é a pulsão que se instala no miolo do eu como forma do outro, como objeto representante, fundador do mundo psíquico propriamente dito diante da morte, grande Deus da vida. Visão aterrorizante da maldade e da bondade, sentado ao centro de tudo o que é do homem, o superego primitivo constrói máscaras grotescas, personas macabras da própria heteronomia que o homem vai começar a ter que experimentar. Caillois afirma e, talvez, com suas palavras,

---

livre arbítrio. (Mora, J. F. *Dicionário de filosofia*, Ed. Editorial Sudamericana, Buenos Aires, 1965.)

seja possível esclarecer melhor esse problema das máscaras do mortífero e do sensual demoníaco:

> *O atraente e repelente mistério da máscara – quem poderá jamais revelar a sua técnica, explicar-lhe os motivos e demonstrar logicamente a imperiosa necessidade à qual certos seres cedem, em dias determinados, caracterizando-se, disfarçando-se, mudando de identidade, deixando de ser quem são, numa palavra, evadindo-se?*
>
> *Quais são os instintos, os desejos, as esperanças, as cobiças e os males da alma que se ocultam sob a cartolina toscamente colorida, os falsos queixos e os falsos narizes, sob a crina das barbas falsas, o reluzente cetim das mascarilhas ou o pano branco das cogulas? A que embriaguez de haxixe ou de morfina, a que esquecimentos de si mesmos, a que equívoca e perniciosa aventura se entregam, em dias de baile de máscaras, esses lamentáveis e grotescos desfis de dominós e de penitentes?*
>
> *(...) Essas máscaras são barulhentas, transbordando de movimentos e de gestos, mas a sua alegria é triste, são mais espectros que seres vivos. Como fantasmas, a maioria delas anda embrulhada em panos até os pés e, como fantasmas, não se lhes vê o rosto. Por que não vampiros debaixo daquelas canalhas a emoldurar faces geladas de veludo e de seda? Por que não o vazio e o nada por debaixo desses largos fatos de Pierrot enroupados que nem mortalhas por cima dos vincados ângulos das tíbias e dos úmeros? Toda essa humanidade, que se esconde para se misturar com a multidão, não estará já para lá da natureza, para lá da lei? É, evidentemente, malfazeja, uma vez*

*que quer guardar o anonimato, mal-intencionada e culpada, uma vez que procura enganar a hipótese e o instinto, sarcástica e macabra, semeando desordem, apupos e chocarrices pela perplexa apatia das ruas, fazendo estremecer deliciosamente as mulheres, horrorizando as crianças e suscitando sonhos vis nos homens, subitamente inquietos diante da ambigüidade sexual dos mascarados.*

*A máscara é o rosto perturbado e perturbador do desconhecido, é o sorriso da mentira, é a própria alma da perversidade que sabe corromper à medida que aterroriza, é a mordaz luxúria do medo, é a angustiante e silenciosa eventualidade deste desafio lançado à curiosidade dos sentidos: 'Será feia? Será bonito? Será jovem? Será velha?' É a galanteria temperada de macabro e de picante, e, quem sabe, condimentada com uma pitada de ignomínia e um gostinho de sangue. Mas onde é que vai acabar a aventura? Certamente, no quarto ou numa pensão de uma grande meretriz, ou talvez na esquadra, pois também os ladrões se escondem para perpetrar os seus golpes e, com as suas provocantes e terríveis caras falsas, as máscaras pertencem tanto aos covis de ladrões como aos cemitérios: têm todas uma faceta de assaltante, de rapariga da rua e de fantasma.*[19]

---

19. Lorrain, Jean. *Histoire des masques*, pp. 3-6. Este texto foi encontrado como citação em um trabalho de Roger Caillois intitulado *Os jogos e os homens*. (Caillois, R. *Os jogos e os homens*, tradução portuguesa de José Garcez Palha, Lisboa, Ed. Cotovia, 1990, pp. 227-228.)

Bem, depois desse desfile de descrições precisas sobre o mundo vazio das personalidades constituídas com o ódio arcaico do superego primitivo, vejo, além disso, nesse processo elaborativo, a insistência da construção da experiência do tempo interno da desilusão; talvez os sinais de uma verdadeira gênese, em que o tempo possa ser sucessivo, em que o eu seja o outro encenado em diferentes imagens-máscaras que se transformam, cedendo lugar umas às outras. (Lembro que as máscaras também podem ser processos afetivos, mudanças químicas que iludem o conhecimento, propondo as vísceras como os sinais das qualidades mais exatas do real lidas à luz dos processos corporais em questão.) Ao rosto petrificado do esquizofrênico adapta-se bem a máscara fria da posição esquizoparanóide, campo onde deverá haver a elaboração de uma relação de estranhamento entre o organismo e o eu, entre o corpo e o psíquico. Será nessa relação, e através dela, que se poderá notar a absoluta separação entre três diferentes realidades fundamentais do sujeito: o psíquico, o corpo e a ação, isto é, a idéia, o afeto e o conhecimento.

    Para a problemática da forma, Freud já havia estabelecido suas teorias e proposto a noção de pulsão, não só como conceito que pudesse explicar uma nova visão da sexualidade humana, mas, também, a pulsão como uma leitura de como o humano poderia apreender a idéia da existência de um campo vazio de significação capaz de receber do exterior apenas a forma prazerosa da descarga da excitação sexual. Para Freud, o modelo oferecido pelas pulsões de autoconservação – modelo das necessidades – não era suficiente para delimitar os contornos do psiquismo. Era necessário algo mais para explicá-lo, um a mais, um plus, um excedente infinito.

    Por outro lado, pode-se ler também em Freud que a sexualidade vem de fora, que a pulsão vem de fora e é inoculada pelos pais – mais especificamente pela sexualidade que a mãe "impõe" nos cuidados de higiene – no interior do psiquismo da criança. Em certo sentido, esta é a excitação que será traumática, que será significada (e ressignificada)[20] em dois tempos e fadada a ser vítima da repressão por ter gerado um excesso que foi insuportável para o trabalho mental, este é o trauma, este é o impacto. O que sobra, depois disso, isto é, a própria mente (o mental ele mesmo) nos dá a dimensão exata de quão gigantesco é o acidente do nascimento do psiquismo.

Na segunda tópica o trauma caminha para além das relações e experiências específicas do sujeito com seus pais. Passa a referir-se ao passado filogenético de cada indivíduo.[21] De qualquer forma, no Freud de Lacan, o corpo está marcado e obrigado a adquirir significado ou no erotismo da mãe ou na história da palavra.

Mais uma vez, insisto, pode-se recortar em Freud o enigma da sexualidade, e mesmo o da pulsão, como introduzidos no psíquico a partir do exterior. Este é o problema que, do ponto de vista específico deste trabalho, estou tentando abordar e pensar em relação à proposta kleiniana e com isso demarcar um ponto de origem. Em Freud uma ruptura – um campo de silêncio cognitivo sem nada dado previamente – recebe do exterior um signo, que se faz valer como verdade irrefutável: o signo de prazer é o que busca a pulsão – este é o conteúdo –; a forma será uma tendência do ego a ligar-se, fundando-se a partir da identidade com o objeto primário. É obrigatório lembrar que, se a forma vem da identidade, isto é, do objeto, ela só vem em Freud, porque está regida pelo princí-

---

20. Em Klein poderíamos dizer que será ressentida: conhecimento inconsciente implica em ressentimento.
21. Berlinck, M.T. "Reflexões sobre a regra fundamental", artigo publicado no *Boletim de Novidades – Pulsional Centro de Psicanálise*, n.º 45, 1993, p. 19.

pio de prazer; quer dizer, a forma só pode ser porque é conteúdo. Nesta passagem o corpo ganha sentido por ser prazer de órgão e o outro da relação por ser a palavra do desejo do alheio (da mãe). Note-se, contudo, que é aí, adquirindo sentido, que se pode perder o sentido. Então por que o corpo pode ganhar e perder sentido no desejo da mãe? A resposta é simples: porque, em Freud, a sedução materna enlouquece a criança e, assim, a constitui. Porém a constitui como um psíquico que despreza a autoconservação e o conhecimento, para desejar prazer através da mãe.

Ainda em Freud essa dimensão, sempre faltante por se encontrar sob o domínio do objeto (do outro humano que separa, que revela uma falha, que castra), aponta para um corpo sem código algum, sem saber algum. É um corpo vazio à espera de significado que o realize e que, assim, defina o lugar do eu nas relações familiares: disputa de poder, teatro e tragédia humanos.

Em M. Klein o corpo, talvez mais do que a própria cultura, é símbolo vivo – quem sabe cultura viva, mundo vivo –, inscrito em história e tempo propriamente humanos. Não há nele nenhuma significação vazia, nada que seja simplesmente lugar. Nele, cada gesto, cada ação são remetidos sem nenhuma dúvida à história do homem, ao drama do homem em seu processo de civilização. Não há como separar a autoconservação da sexualidade; não há como separar natureza e cultura. Isso aparece no próprio texto de Klein (1923):

> *Sabemos que, no estágio narcisista, os instintos do ego e os instintos sexuais estão ainda unidos porque, no início, os instintos sexuais obtiveram um ponto de apoio no terreno dos instintos autopreservativos. O estudo das neuroses de transferência nos tem ensinado que eles mais tarde se separam, funcionam como duas formas sepa-*

*radas de energia e se desenvolvem diferentemente. Embora aceitando como válida a diferenciação entre instintos do ego e instintos sexuais, sabemos, por outro lado (de acordo com os ensinamentos de Freud)*, que certa parte dos instintos sexuais fica associada durante toda a vida com os instintos do ego, aos quais fornece componentes libidinais: *aquilo que designei previamente como sendo a* cathexis *sexual-simbólica de uma tendência ou atividade, pertencente aos instintos do ego, corresponde a este componente libidinal.* A esse processo de cathexis com libido damos o nome de 'sublimação' *e explicamos sua gênese, dizendo que dá à libido supérflua, para a qual não há satisfação adequada, a possibilidade de descarga, e que o represamento da libido é assim diminuído ou extinto.*[22]

Mais adiante ela diz:

*As situações de prazer realmente sentidas ou fantasiadas ficaram na verdade inconscientes e fixadas,* mas entraram em jogo na tendência do ego e assim puderam ser descarregadas. Quando recebem esta espécie de representação, as fixações se despem de seu caráter sexual; tornam-se consoantes com o ego e, se a sublimação é bem-sucedida – isto é, se as fixações se fundem com uma tendência do ego –, elas não sofrem recalcamento. *Quando isto acontece, elas fornecem à tendência do ego a soma de afeto que age como estímulo e força propulsora do talento e, uma vez que a tendência do ego lhes proporciona campo*

---

22. Klein, M. *Contribuições à psicanálise, op. cit.*, p. 121 (grifos meus).

*livre para operarem em concordância com o ego, elas permitem que a fantasia se desdobre sem freio e assim se descarreguem por si mesmas.*[23]

Assim Melanie Klein resgata a teoria freudiana do narcisismo em que a sexualidade e a sublimação não dão espaço para a existência de uma autoconservação ingênua e isolada da sexualidade. Por que M. Klein fez isso? Por que fez o narcisismo sexualizar todas as atividades do ego de auto-conservação?

Será de fato necessário dar um poder tão grande à sexualidade? Uma vez que M. Klein vê o corpo ou o biológico como símbolo e como mito, ela não pode evitar ver no narcisismo e na conversão histérica a via facilitadora para compreender que o corpo, no interior do narcisismo, já era drama, já era tragédia, já era sexual. Porém, é necessário ao sexual a sua própria sublimação, isto é, a presença do belo. No corpo nada se tornará realidade possível nem revelar-se-á se não ascender à esfera do sublime. O homem talentoso é aquele que pode transformar o ataque histérico em um gesto sublime: o pensar é sublime, o agir também é, porém somente quando estiverem ligados à beleza. Em Klein não há natureza sem mediação do encantamento que é gerado pela existência do corpo. Não há homem sem mito – todos somos Édipo –, não há homem sem narrativa, sem história porque o próprio corpo assim o é. Estamos inscritos em um tempo próprio à palavra, próprio à beleza, e ambos estão contidos nas ações e gestos de nosso corpo. Para ela, o homem é prisioneiro do fascínio estético que o objeto capaz de pensamento e beleza exerce sobre ele. O símbolo permite a idéia perfeita, o corpo perfeito, a ação perfeita.

Se em Freud quem significa é o outro, em Klein, antes

---

23. *Idem, ibidem*, p. 125.

do outro, quem significa é o corpo: "O corpo é em si capaz de fazer sinal, de fazer sentido."[24]

Do ponto de vista do conhecimento, o mundo visceral antecipa, de forma absoluta, o encontro com o objeto. O mundo totêmico está contido no espaço visceral, e quando o bebê for maior e capaz de agir estará também em suas ações. O trajeto percorrido pelo homem para formar a civilização, todo seu desconhecimento, toda sua violência, toda sua submissão a um eu-outro eleito como representante máximo da ordem (o totem!), já está inscrito no corpo. É isso que permite a Melanie Klein pensar, em textos como *A personificação nos jogos das crianças* (1929),[25] *Análise infantil* (1923),[26] em um corpo inserido em um drama, totalmente submerso na "não natureza" da narrativa, submerso em todos os mitos criados para dar alguma realidade à vida: do nascimento à morte, o mito narra o percurso e a função do homem existindo no mundo.

Nesses textos encontram-se verdadeiras preciosidades do pensamento kleiniano. Lá tudo está submetido a uma ordem simbólica, porém pode (caso haja um defeito na sublimação) ocorrer de não ser possível ao corpo atingir esse simbólico por recusar-se defensivamente a ele. Assim o indivíduo pode ficar, por essa ruptura, submetido a uma lógica corporal destituída de significação. O corpo age, percebe e sente, mas não sabe o porquê; assim será a ação psicótica, assim será a ação criminal. Há combinatória que ordena a ação como uma lógica, porém não haverá sentido nessa ação, mesmo se existir uma explicação plausível.

Se em Freud o corpo não porta um vínculo espontâneo

---

24. Muniz de Resende, A. *Psicanálise e filosofia: a semântica e a questão do sentido*. Aula proferida no dia 2 de julho de 1992, na Sociedade Brasileira de Psicanálise de São Paulo. Mimeografado.
25. Klein, M. *Contribuições à psicanálise*, op. cit., cap. 9.
26. *Idem, ibidem*, cap. 3.

com o objeto, por estar sempre pervertido pela pulsão que o confunde, em Klein tudo aquilo que o corpo fizer, tudo o que o ego fizer, o superego – por ser interpretante – já saberá de antemão qual a verdade e o sentido dessa ação. Mesmo na desordem corporal, a ação exclusivamente psíquica[27] repetirá ou reviverá o terror absoluto do nascimento (a fragilidade diante da natureza), ou a violência narcísica, ou a melancolia (a depressão profunda e insolúvel diante da morte), ou a festa maníaca da morte do pai primitivo. Enfim, sempre, em Klein, quem estará ininterruptamente em questão será o sujeito, o sujeito que representa a história da civilização. É a este que o superego condena e castiga, lendo em cada ação atual um resto ancestral de uma catástrofe civilizatória.

A este superego, então, cabe o papel de ser um outro que é – em última análise – a denúncia da existência desse ego arcaico; a denúncia de que onde houver ação psíquica haverá culpa. Onde houver ação, o que existe, verdadeiramente, é crime ou ato perigoso e, onde houver crime, sempre haverá castigo. Em Klein, o superego sabe porque o ego reage e porque age, já tem de antemão o juízo final, uma vez que essas ações se deram em outro tempo e lá se congelaram como verdade definitiva.

Pode ser que, em Freud, o visceral seja signo apenas para as qualidades conscientes e que a pulsão, por não ter uma relação de respeito com a corporeidade, dissolva – pela via da ausência do objeto – essa força significativa do visceral. É a descarga que fixa uma repetição sem qualidade. Creio que se M. Klein pudesse fazer um comentário sobre isso, ela diria: são as vísceras que dão qualidade ao estranho, e o ego – ao tomar a forma reativa das vísceras – faz do outro, do objeto, ou um inimigo ou um familiar. E se, de todo, evitar

---

27. Daí também Melanie Klein se autorizar a interpretar as ações da criança...

a força significativa da visceralidade, introduzirá a indiferença e a frieza como nadificação ativa de si e do objeto. A víscera faz do outro um alguém, por ser esse outro aquele que dá forma de sujeito à descarga, visceral, até então sem sentido. Desse modo, um objeto que é necessário para dar forma às vísceras será sempre um objeto estético da ordem do necessário e do bem-vindo, mesmo que violento e mau, pois permite uma ordenação plástica do conteúdo puro que é liberado na descarga visceral. O objeto é um ideograma, um signo, uma imagem da evacuação das vísceras. É, enfim, uma forma especular de apreensão do mundo. E, por ser o mundo nele apreendido, opera como um superego que marca o fim da descarga e lhe impõe um significado, sustentando a vida mesmo que com horror e feiúra.

## O corpo: o conhecimento visceral

Quero falar um pouco mais sobre o corpo; mas desta vez sob a perspectiva da produção do conhecimento. O psíquico, como nos esclarece Donald W. Winnicott (1949), não está sempre "aderido ao" ou "ligado ao" mental. O mental, em Winnicott, funciona, às vezes, como sinal da morte da mãe interna suficientemente boa: "O funcionamento mental torna-se uma coisa em si, praticamente substituindo a mãe boa e tornando-a desnecessária".[28] Para Melanie Klein o corporal poderá ser psíquico se puder ser sublimado, simbolizado, se puder ser dito de outra forma, em que o peso do pecado e da ação errada sejam acolhidos em outra língua. Winnicott também diz que, no homem "sadio (...) a mente não é para o indivíduo algo para ser usado para escapar de

---

28. Winnicott, D. W. *Da pediatria à psicanálise*, tradução de Jane Russo, Rio de Janeiro, Francisco Alves, 1978, p. 414.

ser psicossomático".[29] Porém, quando isso acontece, estamos entrando no campo da construção ativa do mundo como falso e, portanto, de um falso *self*. Isso remete à questão que, no processo de pensamento kleiniano, pode ser qualificada como o ódio da pulsão dirigido tanto ao psíquico quanto ao somático. No entanto, o próprio corpo é o psíquico; ele é o símbolo – o resto mais arcaico da civilização –, é uma herança interna e é o sinal vivo da tristeza humana materializado em seu processo de crescimento. É, em última análise, a presença do luto que será vivido em relação aos objetos destruídos na posição esquizoparanóide, como o foram ao longo da vida da humanidade. É a presença de uma decepção perene no somático, por ser um sistema sempre aberto ao outro, que se instala como forma de perceber e conhecer. É dessa decepção que o corpo necessita para se estabilizar como algo psicossomático e como base da estrutura do conhecimento. É na desaceleração depressiva da ação que o instinto epistemofílico deixa de ser um ataque violento do corpo ao objeto, para poder transformar-se em curiosidade ativa pelo outro.

Por sua vez, o corpo em Klein necessita do reconhecimento, da gratidão e da culpa para poder revelar que ele pode servir para representar-se como símbolo e como ação passíveis de construir conhecimento. Para tanto, é nessa quebra que a tristeza permite que se manifeste uma oposição do sagrado e do profano fazendo-nos reconhecer a separação do corpo e do espírito, separando o sensível do inteligível. Nesse espaço, o corpo ganha sentido, por sair do profano e – ao ser sublimado – ingressar no sagrado; assim, aceitá-lo significa poder tomá-lo com tristeza, respeito e temor.

Porém o símbolo não inicia aí seu caminho nem as vísceras são signos assim tão calmos e recolhidos nas profun-

---

29. Winnicott, D. W. *O ambiente e os processos de maturação*, tradução de Irineo Constantino Schuch Ortiz, Porto Alegre, Artes Médicas, 1982, p. 132.

didades do afeto da tristeza que logo podem servir como elemento formador do conhecimento. As vísceras são sensibilidade pura, pura reação – paixão. Assim a primeira e verdadeira manifestação do símbolo se faz pela via do diabólico: máscara que faz do gesto hediondo sua ação mais apreciada. Esta é a via da concretização, da transformação em ato (manifestação que comporta toda a destruição da possibilidade cognitiva que há em cada ação ou gesto humano) de um conflito que se dá na esfera propriamente mítica ou psíquica e se desloca para a ação sem que haja interferência da inteligência nem do pensamento. Isso indica que as ações – objeto privilegiado dos que investigam o conhecimento –, antes de alcançarem o nível do conhecimento consciente, existem no espaço dos atos violentos. Para Melanie Klein, já são ações que buscam conhecimento ou repetem uma reminiscência do conhecer, mas o fazem de modo a nunca precisar usá-lo. São, na verdade, ações que visam evitar o processo de elaboração. Buscam diretamente a identidade com aquilo que lhes dá forma: se a descarga visceral encontra seu apaziguamento no objeto, o que importa não é conhecer esse objeto, observá-lo, classificá-lo, mas simplesmente roubar-lhe a forma e nunca mais buscá-lo outra vez. Investimento autoerótico feito sem prazer.

Portanto, encontrar-se com um objeto e poder conhecê-lo só será possível se o ódio não acabar por concretizá-lo como corpo real e impenetrável, passível de captura e extermínio, mas não passível de admiração e embelezamento; quer dizer, um objeto será conhecido quando prevalecer a gratidão sobre o querer-ser absoluto do superego primitivo. Ou seja, buscar a forma definitiva, perfeita e acabada; buscar o gesto exato enquanto ação última e sempre desprezar a pesquisa e a tentativa, isto é, o tateamento comum da investigação humana, levará o comportamento de curiosidade a ser concebido como erro. Assim sendo, será insuportável para esse superego senhor de tudo, ignorar, pois, para um aparelho que vive sob o domínio da morte e no qual a mente não deseja o corpo que a sustenta, aquilo que proíbe, evita ou organiza – dando um sentido e um significado – a descarga, não é forma perfeita, e, assim sendo, é inconveniente, porque exige trabalho, paciência e compaixão, condições insuportáveis para quem, sabedor de tudo, não suporta ignorar.

No campo da víscera (espaço privilegiado do ódio, da repulsa, do lixo), o próprio corpo usa suas funções para reciclar o que sobra, o que é excessivo e lhe intoxica, o que não pode assimilar. Em certo sentido poderíamos dizer que nem tudo que vem do exterior é passível de aproveitamento. Deve ser o mesmo com o conhecimento. Assim o desprezo dá conta desse inconveniente que pode se significar nas secreções e nas ações corporais.

As vísceras são, então, grandes centros de produção de significados; elas banham o mundo com seus humores, com seus líquidos, com seus cheiros. Delas nascem as significações explosivas e construtivas, as contorções, as dores que permitem ao corporal operar como linguagem e limite, tornando-se significado, tornando-se psíquico, tornando-se sagrado e mítico, por colocar de maneira pensável aquilo que era reação pura, quando tomado por uma mente que só faz odiar aquilo que se apresenta como o que é possível e particular a cada processo psicossomático.

Envolto por essas significações advindas das vísceras, o corpo recebe também uma verdade histórica, um compromisso com a continuidade de seu passado. Contudo, rico em surpresas aterrorizantes, e rico também em ações carregadas de sentido, o corpo necessita de apaziguamento, calma, razão e depressão. Cito Bachelard, creio que pode indicar um caminho:

> *Não pensamos com nossas impressões primeiras, não amamos com nossa sensibilidade original, não queremos as coisas com uma vontade inicial e*

substantiva. *Entre nós e a infância, há a mesma substância que existe entre o sonho e a ação.*[30]

Então será a partir dessas ações possíveis e necessárias e que nos afastam da infância, onde ocorrerá o nascimento do bom homem conhecedor, sujeito cognitivo, conhecedor do objeto que deve ser conhecido e, com isso, visto juntamente com o nascimento do conhecimento, nascimento do saber sobre o outro, como alguma coisa curiosa e bela, passível de pensamento, investigação, comunicação e sonho; e também passível de amor e satisfação pela realidade que agora se cria ao redor do homem que a formula. Em Klein, a única ética humana que preside o conhecimento é aquela que se assenta sobre a depressão e a sublimação capazes de serem sonhadas e por isso mesmo conhecidas.

Sendo a teoria kleiniana uma teoria que aponta para a construção depressiva da ética do conhecimento curiosamente é, por outro lado e também, uma teoria estética que lida com a problemática do conhecimento como uma problemática da feiúra do objeto pela excessiva beleza a ser contemplada; uma teoria estética sobre a relação entre sujeito e objeto em seus primeiros encontros nos quais a mais completa repulsão e a mais completa – ainda – atração tornam-se a assustadora marca da presença fascinante que o superego tem em nós. A partir daí, conhecer pode significar apreender com uma triste beleza a beleza depressiva do aprendizado. Isto é, contra o belo e o ético se opõe uma estética do mal que assim diz: *"É o horror o sinal que poderá inibir o processo cognitivo já em curso, que situa o conhecimento como um ato diabólico em vias de tornar-se insuportável, em vias de tornar-se errado".*

---

30. Bachelard, G. *A dialética da duração*, tradução de Marcelo Coelho, São Paulo, Ática, 1988, p. 21.

Nesse sentido, é bom que seja notado em M. Klein a importância que o satânico assume na construção do conhecimento; é uma função de destaque, pois, diante da sustentação que o objeto dá em relação à reação visceral investida nele, um medo ancestral atualiza-se como exterior e contrário ao sujeito: o objeto que me define é aquele que me aniquilou e agora novamente me aniquila, tornando-se assim um objeto-prisão, um objeto-túmulo, um objeto-inimigo, suficientemente onipotente para dar-me a vida e, em seguida, tomá-la sem nenhuma explicação.

Pela víscera, conhecer é entranhar, para depois estranhar – pela via da projeção – e viver uma experiência paranóide, de desconfiança, um estranhamento; pela via do objeto, conhecer é morrer diante de sua lúcida definição. Entranhar *versus* "estranhar". Introjetar *versus* projetar. Sujeitar *versus* objetar. É temer-e-desejar o que é interno e o que é externo. Assim, em Klein temos o paradoxo de ser por temer ser, e de ter que conhecer por odiar viver.

Na paranóia, o medo define a forma do objeto por uma projeção violenta do horror interno sobre ele, isto é, a descarga visceral (interna, como falaria Freud no *Projeto*[31]) funda a forma projetiva como a força significativa das vísceras sobre o objeto. Portanto, aqui também o que era forma pura transporta-se para puro conteúdo advindo da tripa que se faz a sinalizadora da forma como pura qualidade. Reação de pânico e estranhamento, conhecimento por medo. Da frieza esquizofrênica à paixão paranóica. Do signo bruto – pedra opaca fundante do psiquismo – ao afeto desordenado da expulsão – clareza insuportável, reação primária ao encontro com o que quer que seja. Forma e conteúdo. Violência... paixão, signo grudado à significação.

---

31. Freud, S. *Projeto para uma psicologia científica* (1895), Edição Standard Brasileira das Obras Psicológicas Completas, Rio de Janeiro, Imago, 1977, p. 397.

Na mitologia, em todos os mitos, essas histórias fabulosas que tentam contar de alguma forma o que é inexplicável em nós encontramos, como é de costume, belas imagens poéticas de verdades que são somáticas, que são musculares e carregadas da própria violência que é a força do agir e que também querem ser reconhecidas cientificamente como verdades que definem o homem que investiga e descobre. Está no mito de Hefestos e Afrodite. Lá:

*A deusa da beleza e do amor era casada com Hefestos. Mas, porque ela não amava os homens – e sim o que era próprio daquelas formas – usava-os como simples exercícios delas, substituindo-os entre si, segundo sua (de Afrodite) escolha. Hefestos, por ser o marido, era certamente quem mais sofria. Sofrimento maior ainda, visto ser coxo e desajeitado. Desejoso de provar aos deuses sua triste sina, construiu uma rede para aprisionar Afrodite com seu eventual amante. Conta-se, também, que os deuses riram de sua vã ilusão e que Afrodite, indiferente a Hefestos, continuou sua vida de espalhar – fugidia e efêmera – a beleza e o amor sobre todas as coisas e, zelosa, garantir que ninguém mais o fizesse melhor que ela.*

*Hefestos, em sua busca de aprisionar Afrodite, não se saiu tão mal. Desajeitado que era, tornou-se o artesão mais ilustre, o preferido dos deuses. Tornou-se artista. Ao tentar aprisionar Afrodite, pôde interiorizar sua 'forma', ou melhor, os critérios (ou exigências) dela. E agora seu desafio é – em cada peça de artesania – superar cada vez mais seu desajeitamento e, ainda que em vão, dar à peça algo que lhe recorde sua deusa ou sua imagem que agora ele tem dentro de si e que, em homenagem a ela, tenta tornar visível, em seus trabalhos, para todos nós.*[32]

Aqui se encontra resumida, de maneira muito encantadora, toda a problemática que este texto tenta vagamente abordar: a dialética forma-conteúdo e a questão dos aprisionamentos estéticos dentro do mito. Tanto teorias psicanalíticas, quanto teorias do conhecimento, procuram respostas para estes problemas a partir de diferentes vértices. A construção da forma aponta para um jogo contínuo com a construção do conteúdo; questões que remetem a um duplo referencial, a saber, o da estrutura e o da gênese.

Uma pequena digressão: na escola construtivista,

*"O trabalho de Hefestos é comparável (...) (à) importância da construção de esquemas de ação para a criança que nasce (...) 'coxa' e 'desajeitada'; para os imensos desafios que enfrenta nas inevitáveis trocas que estabelece com o mundo e as pessoas (...) o termo 'coxo' lembra-nos todas as insuficiências das habilidades motoras, sensoriais e principalmente simbólicas da criança, no contexto dessas trocas."*[33]

---

32. Macedo, L. de. *Qual Hefestos ou Afrodite*. Mimeografado. São Paulo: Biblioteca do Instituto de Psicologia da Universidade de São Paulo, 1992. Esta citação é uma recriação de Lino de Macedo de um texto lido em *As deusas e a mulher* (Bolen, J. S., 1984). Usamos esta síntese não só por sua clareza, mas, principalmente, pelo recorte e efeito que pode produzir em relação à idéia que aqui tento produzir: uma rede de pegar Afrodite é um esforço de amor e conhecimento que metaforiza e sublima a depressão de Hefestos; mas Afrodite, ela própria, é um ventre que devora formas em si e, entretanto, nunca as obtém, precisando sempre de outra, e mais outra, e mais outra, até atingir o nada, a que, na verdade, Hefestos dá continência.
33. *Idem, ibidem.*

Lembro também o desamparo, sempre comentado por Freud, e a castração em conexão com a ignorância, como acrescenta Klein: ambos os conceitos também apontam para o "coxo" e o "desajeitado" do psíquico.

É curioso notar, tanto na teoria psicanalítica quanto nas teorias cognitivas, que ora prevalece o interno ora o externo, exceção feita a Piaget, que não opta por uma das maneiras. As duas devem estar presentes, uma vez que a inteligência é a resultante que as supera, isto é, é essa 'dialética', ou essa intersecção onde algo novo se forma, o próprio conhecimento.

Porém, fugindo das digressões, gostaria de retomar meu objeto de investigação, isto é, os modos inconscientes de apreensão do mundo e sua relação com o conhecimento visceral, forma primária e brutal da significação. Contudo é bom lembrar que a noção de inconsciente aqui não se limita nem aos esquemas biológicos de ação, nem às implicações lógicas impostas pelos limites demarcados pela ação sobre o próprio objeto, muito menos aponta para a idéia de um inconsciente como um efeito de linguagem, tampouco se refere à estrutura semiológica e lingüística que define o inconsciente como aquele que está à mercê dos encadeamentos lógicos da letra. Aqui o inconsciente é o próprio dilaceramento sensório do corpo e sua reconstrução narrativa na palavra do mito. O homem carrega em seu corpo restos não resolvidos da evolução filogenética do mundo e deve dar conta desses restos sem morrer por isso construindo a mente e desejando com amor o pensamento. Neste texto, o "inconsciente" que propomos (na verdade mais buscamos) é aquele que se situa fora do tempo, mas que por si só é narrativa ininterrupta sob a máscara superegóica rígida do eterno retorno vindo de modo surpreendente do interior da musculatura. É o inconsciente do conhecimento-inconsciente, aquele conhecimento que é mais sonho que realidade, mais mito que verdade e que recoloca em ação mecanismos de recusa do corpo que evocam o trabalho da pulsão de morte. Isto é, evocam o tema do retorno ao inorgânico, retorno ao mundo sem forma – problema como Freud levanta em alguns textos – ou, por outro lado, fuga completa de si, evacuando-se na forma dada ao objeto, através da invasão projetiva – problema como me parece estar posto em Klein. Como se o objeto pudesse ser o ideal inorgânico da pulsão, enquanto paradoxalmente a formaliza.

Com isso busco enfatizar o conhecimento inconsciente e o modelo de conhecimento a ele vinculado. No início da vida a cognição é a presentificação do horrível, esta é, infelizmente, a mais bela forma que o Hefestos psíquico pode dar a sua mortífera Afrodite. Propondo o horrível como a primária forma do belo diante da morte.

Assim, retomo o espaço do corpo e, com ele, o espaço das significações míticas, para dizer que as significações viscerais podem dar – no plano fantástico – sinal do sujeito como algo existente. Nesse lugar de pura ilusão, que denota a presença inevitável da força das imagens vagas sobre a dureza da estrutura e envolto nas significações captadas pelo mito, o corpo é a casa e o próprio ventre da verdade histórica, entendida enquanto narrativa de uma gênese do transcorrer do tempo compreendido; tempo das coisas estáticas e mortas e tempo das ações e movimentos dos corpos divinizados. A história sustenta e produz o humano no homem partindo dessa raiz obscura que é aquilo que se chama físico ou corporal.

Rico em surpresas – histórias que se encontram relegadas ao esquecimento eterno da amnésia infantil e quando do encontro com o outro se reavivam –, o corpo também é rico em ações – "ações específicas"[34] – que constroem sentido, construindo com isso também memórias verdadeiramente úteis para pensarmos a profunda expressão da

---

34. Freud, S. *Projeto para uma psicologia científica, op. cit.*, p. 397.

cultura que existe ativa em nosso íntimo. São essas ações que valorizam o corpo e o preparam de modo intenso para o nascimento do cientista e, mais propriamente, para o nascimento do sujeito cognitivo como um sujeito "esticado sobre" e "amoldado à" imagem do outro no mito que propõe o objeto como aquilo que captura e dá identidade. São essas ações, aprisionadas e formadas pela força identificadora do objeto, que podem vir a ser a nossa mais intensa idéia esperada de nós mesmos (proveniente de uma certa justeza do corporal passível de ser contido no mito), propiciando a representação de um si mesmo como uma representação do meu eu como possível, como viável.

Transformando o movimento espasmódico e aleatório em ordem e hábito, a ação apresenta o objeto do conhecimento como reação visceral intensa, sustentando-o em uma atualidade que ao mesmo tempo arrasta em sua interioridade o ruído estarrecedor da ancestralidade. O inconsciente e o mito responsabilizam-se por colocar esse conhecimento em um estado de amnésia narrativa e o esquecimento da ação já realizada em outro tempo revela-se como ausência de compromisso com o próprio ser. É nesse desgaste, intervalo construído na e pela negação do conhecimento *versus* consciência do conhecimento, que a ação e o somático aderem-se ao objeto como única salvação e, com ele, a captura imaginária de uma forma – no presente –, que não pertence propriamente ao sujeito, a esse objeto se adere e o inaugura, tornando-o possível.

Assim, o esquecimento fixa um ponto de nascimento, a ação o revela e a morte o enrijece até não restar mais nada principalmente se essa captura for tomada como perda de identidade e acabar criando esse estado dilacerante da ausência completa da verdade – que sempre o corpo comporta – perdida no interior de um superego brutal e narcisicamente exigente.

Uma teoria que fala sobre o conhecimento inconsciente

é, em certo sentido, uma teoria que pode falar de um conhecimento como experiência estética. Talvez esse seja o aspecto fútil e propriamente humano do conhecimento, talvez seja apenas o sinal inconsciente de que cada encontro deve parecer a comemoração estética do encontro sujeito-objeto, em que reconhecer é simplesmente agradecer com a ação adequada e ficar satisfeito com a visão daí advinda. Assim, conhecer é poder ser grato ao objeto, por ele ter dado forma humana (sagrada e coletiva) ao caos do sujeito. Em outras palavras, conhecer é transformar-se em um Hefestos e construir sem temor as "redes" para capturar uma Afrodite qualquer que está em coito perpétuo com seus amantes.

M. Klein sempre lembra em seus textos a potência aterrorizante e constitutiva da "figura combinada" – coito sádico entre pai e mãe; seio e pênis fundidos, proporcionando-se uma experiência de satisfação inesgotável (o gozo, quem sabe?) – e é nesta *phantasia* onde nasce a obscenidade da cena em que todo o belo que a ação de conhecer representa será sugado e virado pelo avesso, para depois ser devolvido ao mundo como pré-história que novamente afirma: "no princípio foi o Ato"[35] e esse ato era a expressão de todos os temores que o coito e o nascimento representam enquanto ações das quais não se pode escapar.

O horrível, o mal, o negativo fundam, então, na estética inconsciente, a importância do satânico como fulcro do saber inconsciente e do instinto (o instinto epistemofílico) – de importância central para M. Klein – mais pronunciado no homem. Isto é, o homem está condenado a conhecer, mas está também condenado a produzir compulsivamente a ausência de conhecimento, porém, no plano do conhecimento, o peso e a andadura incerta nos representa mais precisamente como, do ponto de vista cognitivo, somos esse coxo artesão tementes ao que vamos descobrir ao procurar saber.

---

35. Freud, S. *Totem e tabu, op. cit.*, cap. I, vol. XIII, p. 191.

Em Ítalo Calvino (1991) está a imagem que buscamos; ele fala sobre Hefaístos-Vulcano:

> (...) *Vulcano-Hefaístos, deus que não vagueia no espaço, mas que se entoca no fundo das crateras, fechado em sua forja onde fabrica interminavelmente objetos de perfeito lavor em todos os detalhes – jóias e ornamentos para os deuses e as deusas, armas, escudos, redes e armadilhas. Vulcano, que contrapõe ao vôo aéreo de Mercúrio a andadura descontínua de seu passo claudicante e o cadenciado bater de seu martelo.*[36]

Esse Vulcano é, para nós, o conhecimento inconsciente e, simultaneamente, o inconsciente cognitivo: um corpo rejeitado por Afrodite. É isso que Vulcano evoca: a existência de um narcisismo subterrâneo que necessita de Afrodite para explicitá-lo, rejeitando-o, da mesma maneira que ela necessita dele para capturá-la e dar-lhe sentido. Isto é, o sentido da própria vida e trabalho de Vulcano é, compulsivamente, procurar dar forma a uma verdade que é o enigma nuclear de sua dor: aprisionar Afrodite para tê-la somente para si e, no entanto, sempre encontrá-la com outro.

Tomando outro atalho, quando a obra já podia ser repensada e ampliada em 1946, lançando os fundamentos da posição esquizoparanóide, Melanie Klein elabora uma nova teoria sobre o conhecimento. Ali[37] ela porá em evidência o problema, já trabalhado por Freud, da formação da identidade, só que não na perspectiva da incorporação, mas na da ejeção inevitável do si mesmo no interior do outro. Esse conceito seria chamado de "identificação projetiva", isto é, o ódio mais monstruoso da pulsão contra o eu.

---

36. Calvino, I. *Seis propostas para o próximo milênio*, op. cit.
37. Klein, M. 1946 Klein, M. et alli – *Os progressos da psicanálise*, tradução de Álvaro Cabral, Rio de Janeiro, Zahar, 1969, cap. IX.

Se, para ela, conhecer era estranhar, nesse momento (1946), conhecer é enfiar-se violentamente no interior psíquico do outro. Conhecer é enfiar-se – através da identificação projetiva – no outro humano, para possuir-lhe a forma psíquica. Mais uma vez, para Klein, roubar é conhecer, pois roubar é invadir e adotar a forma de algo que lhe confere forma, e com isso lhe confere valor, realidade.[38] Não mais na dimensão da posse introjetiva do outro, mas na dimensão da invasão brutal – feita com a violência própria da expulsão –, que rompe o invólucro narcísico do objeto.

Não é inútil orientar a atenção para o fato de que está presente nesse "roubo" a aquisição de duas formas diferentes: uma, que é a forma psíquica do objeto, e outra, que é a forma (conteúdo puro, pura qualidade) afetiva das vísceras, o "umbigo do vulcão", isto é, o mundo das descargas agora representado pelo outro. Em certo sentido, aqui a expulsão aponta para a projeção e ambas para as qualidades lançadas no mundo. Não haveria certa relação entre projeção e símbolo? E não haveria uma equivalência entre expulsar inconscientemente uma parte de seu próprio eu e a construção primitiva da comunicação humana?

Então, se conhecer é estranhar, pelo lado da víscera, é também entranhar, pelo lado do sujeito enfiado no objeto, penetrando-o com violência, dirigindo-se, como prefere Klein, ao interior do corpo (corpo-psíquico) da mãe, para poder fazer sentido. Portanto conhecer é a fusão de duas

---

38. Em *O poder do mito*, Joseph Campbell diz: "Dizem que o que todos nós procuramos é um sentido para a vida. Não penso que seja assim. Penso que o que estamos procurando é uma experiência de estar vivos, de modo que nossas experiências de vida, no plano puramente físico, tenham ressonância no interior de nosso ser e de nossa realidade mais íntimos, de modo que sintamos o enlevo de estar vivo..." – Campbell, J. *O poder do mito*, tradução de Carlos Felipe Moisés, São Paulo, Palas Athena, 1990 (Joseph Campbell com Bill Moyers; org. Betty Sue Flowers).

palavras distintas. É unir, sob o desenho de um ideograma, temer-e-invadir. É unir o que é externo em relação ao sujeito – outro, portanto – ao que é próprio do sujeito, a saber, seu corpo: intrusivo-receptivo, pênis-vagina, mamilo-boca. Conhecimento, penetração e abertura. Comunicação que se faz ato e não palavra.

Em Lacan,[39] aquilo que é da ordem do afeto não é da ordem do sujeito. Talvez Lacan tenha tentado pensar que o sujeito freudiano não tem intestinos, é um sujeito sem qualidades. No entanto, no *Projeto para uma psicologia científica* (1895),[40] Freud deixa claro que há um excedente de energia psíquica que não se descarrega na ação, pelo contrário, através do neurônio-chave, retorna às vísceras, lá sendo recolocado no campo da energia virtual passível de ascender um dia aos representantes psíquicos.

Se em Freud, ao afeto está reservado apenas a qualidade consciente, em Klein, essa exata qualidade é o "umbigo do inconsciente". Reação dilacerante transformada em pura qualidade, que transforma em conteúdo aquilo que deveria ser exclusivamente da ordem da forma. E assim, por ser excessivo, o visceral torna-se conteúdo inacessível com força suficiente para deformar a percepção que o sujeito pode ter do mundo, dando a este mundo a realidade do fantasma que vem expulso das entranhas.

Em 1923 Klein afirma:

---

39. Assim nos relata André Green, comentando Lacan: "A obra de Lacan é exemplar, não apenas porque o afeto aí não tem nenhum lugar, mas também porque é explicitamente banido". E cita, neste mesmo trecho, o próprio Lacan: "No campo freudiano... o afeto é inapto a assumir o papel do sujeito protopático, visto que é um serviço que não tem titular". Green, A. *O discurso vivo – uma teoria psicanalítica do afeto*, tradução de Ruth Joffily Dias, Rio de Janeiro, Francisco Alves, 1982, p. 120.
40. Freud, S. *Projeto para uma psicologia científica, op. cit.*, p. 425.

> É verdade que, ao estudar a utilização do termo "afetos inconscientes", Freud prossegue dizendo: "Então não se pode negar que o uso dos termos em questão é lógico. Mas uma comparação do afeto inconsciente com a idéia inconsciente revela a diferença significativa de que a idéia inconsciente continua, depois do recalque, como uma formação real no sistema inconsciente, ao passo que, ao afeto inconsciente corresponde, no mesmo sistema, apenas uma disposição potencial, cujo desenvolvimento é impedido". Vemos então que a carga de afeto que se desvaneceu, por meio do recalque bem-sucedido, sofreu também certamente a sua transformação em ansiedade, mas que, quando o recalque é completamente bem-sucedido, a ansiedade não se manifesta de modo algum, ou apenas de modo comparativamente fraco, ficando potencialmente disponível no inconsciente. (p.115)[41]

É desta "potencialidade disponível no inconsciente" que, para Klein, o mito – principalmente o edípico – se servirá para produzir sentido. Guardado no corpo, o mito dos lugares e da disputa pelo poder será uma verdade histórica

---

41. Klein, M. *Contribuições à psicanálise*, op. cit. Na Edição Standard Brasileira de Freud, este mesmo trecho aparece assim traduzido: "Assim, não se pode negar que o emprego das expressões em causa é coerente, embora, em comparação com idéias inconscientes, se verifique a importante diferença de que, após a repressão, idéias inconscientes continuam a existir como estruturas reais no sistema ics, ao passo que tudo o que naquele sistema corresponde aos afetos inconscientes é um início potencial impedido de se desenvolver". (Freud, S. *O inconsciente*, 1915, Edição Standard Brasileira das Obras Completas de Sigmund Freud, tradução de Themira de Oliveira Brito e outros, Imago, R.J., 1974, p. 204.)

ancestral vivida em ato, sem a qual a ação não teria capacidade de sustentação. Assim, é o mito do complexo de Édipo que dá sustentação significativa – tecido narrativo – ao eu corporal: e então Édipo mata Laio. As vísceras e a ação estão marcadas, inextricavelmente, pelas fabulações criadas pelo mito e no entanto resguardadas como potencial disponível no inconsciente. Tudo em Klein tem um significado edípico, mesmo que apenas velado no afeto convertido. Miticamente organizado, como uma espécie de água que liga (e separa) todos os continentes, dando-lhes um sentido, um espaço e uma relação.

Na paranóia, o efeito do soma sobre a psique produz o afeto, o medo (que é pura descarga diante do encontro com o objeto do desejo) que, vivido, define a silhueta do objeto. Assim, no objeto que se vê à distância, sente-se também um cheiro de pânico; uma qualidade hostil exala daquela visão. As secreções, a visceralidade constroem uma verdade afetiva ao redor dos objetos e dentro deles, como também dentro dos acontecimentos e das ações. A mãe lhes impõe uma forma, e, a inteligência, quando possível, define-as, codifica-as e as destitui das especificidades narcísicas, para erguê-las em conhecimento compartilhado, dito em linguagem comum e acessível, à comunidade que contém o sujeito.

No plano do conhecimento inconsciente – pode-se depreender em Klein – a mãe é a única agência de formalização de significados das expulsões mais violentas das vísceras; ela digere e dá forma às cores puras, provenientes do sujeito e para ele enigmáticas e apavorantes. Transforma, quando possível, em linguagem a experiência afetiva bruta. Pode-se dizer que é o objeto – em primeiro lugar, a mãe – quem antropomorfiza mais uma vez as qualidades lançadas pelo bebê em um espaço desconhecido – e semelhante –, como o é o psíquico materno, já que foram rejeitadas e expulsas do próprio interior psíquico da criança. Assim, em Melanie Klein, Hefaístos-Vulcano é a mãe de Afrodite; ele vive no ventre ígneo da terra e de lá, desse interior, produz uma realidade que só ele, com suas mãos, pode inventar: *phantasia* inconsciente, inconsciente ativo do conhecimento.

Porém a mãe que, muitas vezes, para Klein, é mero objeto, sem nenhuma função, isto é, não tem existência própria, é, por outro lado, como enfatiza Bion[42] (1962), uma fonte produtora de sentido. Será em seus sonhos – nos sonhos da mãe – que o pulsional proveniente do sujeito obterá forma psíquica humana. Assim a mãe, de carcaça absoluta, passa a servir de local de elaboração afetiva e narração sonhada da vida visceral. Porém as vísceras – que poderiam muito bem ser nossas mães primevas – se antecipam ao encontro e, com elas, uma pré-concepção do ventre – feita pelo ventre – define, antes que se possa conhecer, quem é o objeto. A víscera é por essa via a verdade que, antes do objeto, diz quem ele é, mesmo que a mãe posteriormente possa dizer – mais uma vez – o que as vísceras tiveram a dizer, mas só puderam falar por sua boca (da mãe), em seus sonhos.

Conseqüentemente, na perspectiva do conhecimento inconsciente, a descarga visceral abre o cognitivo como intuição perene; isto é, faz do conhecer uma expulsão primária de algo preconcebido na mecânica corporal. Então intuir é conhecer em uma única operação; é, principalmente, assimilar o objeto ao ventre que expulsa o corpo, pensando ser pulsão. É dessa experiência que provém o aspecto estético das relações objetais.

O aspecto prático, talvez até mecânico – por já não poder mais ser reinventado –, é o hábito,[43] que petrifica o

---

42. Bion, W. *Aprendiendo de la Experiência*, 1962, tradução espanhola de Haydée B. Fernández, Paidós, México, 1987.
43. Faço questão de conservar esta observação de Lino de Macedo, pois ela aponta para o propriamente cognitivo: "Em Piaget hábito corresponde à operação. Esta última é melhor (enquanto estrutura dos esquemas) do que aquele, porque goza da reversibilidade e com isso explica as duas estruturas da inteligência superior – a regula-

primeiro acontecimento como repetição. Assim há mais uma oposição favorável a essa investigação: intuição *versus* hábito, expulsão do corpo *versus* repetição da ação.

Os hábitos sustentados pelo mortal da pulsão fundam a repetição compulsiva, e não a impressão. Eles acalmam as impressões provenientes dos estímulos e das excitações,[44] impondo-lhes uma lentidão, uma calma, forma repetitiva e impessoal.

Habituar-se, nessa proposta, é o conhecer que vira pedra, pois é familiarizar o estranho, usando como princípio a repetição da ação que pode evitar o estranhamento-entranhamento contínuo que vem do encontro do corpo com o ambiente (entenda-se aqui ambiente como tudo o que é outro em relação ao sujeito, desde a cultura até o próprio corpo, e tudo o que é extrapsíquico).

Entretanto, nessa atitude psíquica, a qualidade do encontro humano (seja subjetivo ou objetivo) é dada pela intuição que a víscera conserva como memória corporal dos

---

    ção e a operação. O hábito só explicaria o ritmo e uma regulação que funcionaria como o ritmo. Lembro que da organização de Piaget o hábito não é tudo e, mais importante, não seria o fundante da ação" (comunicação pessoal de Lino de Macedo). Insisto, no entanto, que o aspecto que me interessa do hábito é sua força mortal inconscientemente estruturante, brutal e repetitivamente violenta.

44. "Vemos en Pulsiones y destinos de la pulsión que la meta (Ziel) de la pulsión es, en todos los casos, la satisfacción que solo puede alcanzarse cancelando el estado de estimulación en la fuente. Las primeras diferencias entre el estímulo interno y el estímulo externo vienen dadas por la posibilidad de fuga o no fuga del organismo frente a ellos. La diferencia entre estímulo (Reiz) y excitación (Erregung) permite la misma diferenciación: la pulsión es aquel estímulo endógeno frente al cual la fuga está impedida, llevando a partir de ello a movimientos psíquicos defensivos cuya complejidad desembocará en la constituición de una tópica en el sujeto psíquico." (Bleichmar, S. – *En los orígenes del sujeto psíquico*, Amorrortu Editores, Buenos Aires, 1986, p. 58) (grifos meus).

encontros humanos e, parece ter como base, também, a projeção e a identificação projetiva. Contudo, é bom lembrar que esse tipo de conhecimento feito pelos processos projetivos é, também, desconhecimento ou, se for possível falar assim, é lógica pura, construída na potência petrificante da ação repetida e do afeto evacuado – um extraordinário esquema preconcebido de apreensão do real que pode funcionar como verdade prévia a todos os acontecimentos que terão lugar na vida do sujeito. É um saber primordial, um saber do outro, sem jamais poder compartilhar, com este outro, algo comum e passível de reflexão (de investigação), acolhido em uma área de trocas, jogos, da ordem do lúdico.

Essa excessiva subjetivação vazia da repetição e da evacuação força-me a pensar na relação da intuição com o narcisismo, e assim perguntar o que seria o narcisismo senão a forma primordial do conhecimento tornado verdade histórica repetida? E isso, parece-me importante salientar, fala a favor de um sistema absolutamente fechado, absolutamente completo, em que a falta não revela uma abertura. O limite ignorado, o enigma, não são possibilidades a serem preenchidas. No narcisismo o lugar do sujeito está predeterminado; não há nada a perguntar, não há nada a saber. O exterior não importa por ser um estranho ao sistema. O interior menos ainda, uma vez que é fato consumado, definitivo e estagnado. Mas o paradoxo se encontra no fato de que tudo está estagnado por estar condenado a ser abertura perpétua e vazio que obriga o sujeito ao outro, sem perdão.

Não creio estar indo longe demais quando proponho esta leitura, e por isso mesmo parece-me útil frisá-lo:

1) Em Freud é o "olhar dos pais" o que sustenta o bebê como objeto idealizado; é nele (no olhar) que surge um bebê humano como criatura divinizada;
2) a criança, aprisionada nesse invólucro narcísico, que é o desejo dos pais, é erguida e oferecida ao totem como a

realização objetivada do coito enquanto busca de uma forma perfeita e, sendo assim, aos olhos do totem poderá receber o consentimento de continuar viva, apesar do corpo e de todos os limites que esse corpo implica;
3) no plano do ego-ideal, só valerá a criança ideal, isto é, a criança que é a idéia separada de sua visceralidade, alijada de seu corpo. Pensamento puro, ausência radical de paixão. É nesse sentido que supomos ser possível falar também de uma estética presente em Freud. Ela revela, simultaneamente, em uma outra perspectiva, o horror que se tem do corpo e o impacto que se vive ao olhá-lo, sendo visto no olhar de nossos pais, que transforma nosso corpo infantil em objeto ideal de seus sonhos.

Em Klein, por outro lado, o sistema se fecha, não por estar submetido à forma do desejo que circula no olhar dos pais; pelo contrário, nela há narcisismo por não haver nenhuma visão possível. Tudo é estranhamento, tudo é evitação. Se, para São João, "no princípio era o verbo", para Klein, no princípio era a evitação, a recusa, a desconfiança psicótica: o corpo absolutamente opaco. Bebê mamando morto no morto olhar da mãe.

É Donald Meltzer quem repensa a teoria kleiniana da posição esquizoparanóide, na perspectiva estética, e propõe a evitação da beleza como forma narcísica de evitar o belo que já está presente no encontro dos corpos. Assim retomo com ele o problema do narcisismo, como forma única e monolítica de apreensão do real:

> *Parece-me que isso faz uma grande diferença em vossa aproximação clínica se pensarem nesses termos; quer dizer, pensar a posição esquizoparanóide não como primitiva, mas como a posição em que alguém se recolhe para proteger-se do impacto da beleza do objeto, da emocionalidade, de*

*todos os problemas e questões que levanta este espaço.*[45]

Fechado na frieza-paixão esquizoparanóide, ao sujeito fica definitivamente vetado o espaço propiciado pelo objeto como encontro de beleza. Ao objeto só resta esperar e estar apto a superar os ataques que visam ou sua destruição ou sua captura, para, neste último caso, ser tragado pelo campo esquizoparanóide e, aí sim, perder – por apossamento – todas as qualidades que antes lhe eram próprias como objeto. O sujeito dessa posição exaure e destrói o valor e a forma do objeto, e nada lhe resta senão vagar, feito alma penada incapaz de voltar à unidade de origem, vagar num espaço psíquico sem sentido, incapaz também de apresentar-se como homem que pode inserir-se em uma relação, por estar dominado por outra relação que o inviabiliza enquanto sujeito do mundo.

Para poder concluir esta trajetória é importante frisar: nesse caminho encontra-se uma estreita relação entre os organizadores primordiais do narcisismo, a intuição e o hábito. Neles, pode-se estabelecer com que dificuldade o sujeito dá qualidade e realidade ao ignorado, fazendo dele (do ignorado), narcisicamente, um já conhecido. Este já conhecido se constitui na confluência de dois caminhos. Para Melanie Klein, a visceralidade se intercepta com o objeto, a intuição com o hábito, o conteúdo com a forma, o sujeito com o outro. É nessa interceptação que a vida mental se torna possível; mas como verdade acabada em um saber insuportável, em que a busca da descorporificação é objeto primordial da pulsão de morte.

Sendo assim, do ponto de vista do conhecimento inconsciente, o hábito e a intuição são articuladores básicos

---

45. Meltzer, D. *Revue Française de Psychanalise* 49(5), L'objet Esthétique, tradução livre, Paris, 1985.

do conhecer sem vivência e sem ação. O hábito funda o espaço lógico da pessoa e do corpo como repetição; seus esquemas de ação organizam a desordem, em sua ordem própria, imanente ao sujeito. O hábito é a dimensão em que as coisas e as seqüências de tempo e espaço estão ordenadas, de forma rígida e ritualizada, ficando assim submetidas a uma ordem narcísica irrevogável, comandada por um ideal de ego que se impõe como verdade antes do conhecimento.

Por sua vez, a intuição associada à paranóia com certeza qualifica essa ordem rígida do hábito, dando-lhe a familiaridade necessária para situar o estrangeiro e o exterior como inimigos fora do campo narcísico e, com isso, construir, para espanto do próprio sujeito, a realidade (através da expulsão da visceralidade). Em poucas palavras, a intuição é a expulsão que vem ao encontro da ignorância: o hábito realiza, qual Hefaístos, a repetição, a cadência, o ritmo. A intuição colore o objeto com a evisceração do psíquico; o hábito o aprisiona em um ritual satânico banalizado.

Walter Benjamin diz:

*É da brincadeira que nasce o hábito, e mesmo em sua forma mais rígida o hábito conserva até o fim alguns resíduos da brincadeira. Os hábitos são formas petrificadas, irreconhecíveis de nossa primeira felicidade, de nosso primeiro terror.*[46]

Ao conhecimento narcísico inconsciente nada resta senão a ladainha rezada, repetida ininterruptamente: captura, apossamento, destruição, asfixia, identidade. Ao conhecimento verdadeiro, legítimo, resta o esforço contínuo de achar,

---

46. Benjamin, W. *Obras escolhidas – magia e eécnica, arte e política: ensaios sobre literatura e história da cultura*, tradução de Sérgio Paulo Rouanet, S.P., Brasiliense, 1987, p. 253.

de descobrir infatigavelmente o ponto eqüidistante entre a paranóia e a ingenuidade. A esse respeito, Winnicott nos diz:

> *O contraste entre dois extremos por vezes é muito instrutivo. No desenvolvimento normal, a integração e a coexistência entre psique e soma dependem tanto de fatores pessoais, referentes à vivência das experiências funcionais, quanto do cuidado fornecido pelo ambiente. A ênfase recai algumas vezes sobre o primeiro elemento e, em outras, sobre o último.*
>
> *No primeiro tipo extremo de desenvolvimento, o bebê se vê às voltas com uma expectativa de perseguição. A aglutinação do self constitui um ato de hostilidade para com o não-eu, e o retorno para o descanso não é mais o retorno para um lugar de repouso, porque o lugar foi modificado e se tornou perigoso. Aqui encontramos, portanto, uma fonte muito precoce, para a disposição paranóide, muito precoce, mas não inata ou verdadeiramente constitucional.*
>
> *No segundo tipo extremo de desenvolvimento, o cuidado fornecido pelo ambiente é a causa principal para a aglutinação do self. Poderíamos mesmo dizer que o self foi obrigado a aglutinar-se. Neste caso, ocorre uma relativa ausência da expectativa de perseguição, mas em compensação teremos aqui a base para a ingenuidade, para a incapacidade de esperar a perseguição e para uma irrevogável dependência da boa provisão ambiental.*
>
> *Na criança normal, que se encontra no meio entre os dois extremos, existe a expectativa de perseguição, mas também a expectativa de um cuidado capaz de protegê-la.*

*A partir desta base, o indivíduo pode tornar-se capaz de substituir o cuidado recebido por um cuidar-de-si-mesmo, e pode desta forma alcançar uma grande independência, que não é possível nem no extremo paranóide nem no extremo ingênuo.*[47]

---

47. Winnicott, D. W. *Natureza humana*, tradução de Davi Litman Bogomoletz, Rio de Janeiro, Imago Ed., 1990, pp. 145-6.

## Capítulo 3

# A memória e a ação esquecida

*É preciso começar a perder a memória, mesmo que seja em relação a ninharias, para perceber que é dela que é feita nossa vida. Vida sem memória não é vida... A memória é nossa coerência, nossa razão, nossa sensibilidade e até mesmo nossa ação. Sem ela nada somos... (Só me resta esperar pela amnésia final, aquela que apaga uma vida inteira, como apagou a de minha mãe...)*[1]

## Em busca de uma relação entre esquecimento e conhecimento

*Uma vez, tendo-me recolhido cedo, acordei durante a noite no quarto de Tansonville, e ainda meio adormecido chamei: 'Albertina'. Não que tivesse pensado nela ou com ela sonhado, nem que a tomasse por Gilberta. Minha memória per-*

---

1. Buñuel, L.

> *dera o amor de Albertina*, mas parece existir uma
> memória involuntária dos membros, *pálida e
> estéril imitação da outra, que lhe sobrevive, como
> certos animais ou vegetais ininteligentes vivem
> mais do que o homem.* As pernas, os braços estão
> cheios de lembranças embotadas. Uma reminis-
> cência nascida em meu braço me fizera procurar
> atrás de mim a campainha, como em meu quarto
> em Paris. *E não a encontrando, chamara: 'Alber-
> tina', julgando minha amiga defunta deitada ao
> meu lado, como fazia às vezes à noite, quando
> adormecíamos juntos...*[2]

Há muitos anos, deparei-me com esse texto – nunca havia lido nada de Proust – e imediatamente vi nele uma parte considerável da psicanálise: a memória. Recordei-me de alguns textos freudianos, principalmente aqueles ligados às teorias sobre a histeria e lembrei-me também, em particular, de um texto kleiniano escrito em 1923, *A análise infantil*, ligado à questão do corpo, da ação e da sublimação. Trabalho de suma importância para quem quer aprofundar-se no pensamento de um autor. Nele é possível aprender uma teoria sobre o belo, sobre a sublimação, sobre o Édipo e sobre a presença da violência cometida por esse homem mítico em um passado longínquo, esquecida no corpo. É um texto que fala especificamente sobre a ação esquecida e os limites do agir cognitivo de um corpo no presente que do ponto de vista do inconsciente sempre será remetido ao passado.

O corpo aparecia agora tomado como belo e propunha assim uma reavaliação da questão da beleza na metapsicologia freudiana. Em Freud o narcisismo é pedra fundante do eu-ideal e esse ideal reserva o belo somente ao eu dessexuali-

---

2. Proust, M. *O tempo redescoberto* (1956), tradução de Lúcia Miguel Pereira, RS, Editora Globo, 1970, p. 2 (grifos meus).

zado. Nessa proposta, o corpo fica perfeito só quando é onipotência da idéia. Assim, seguindo esse curso de idéias, Melanie Klein propõe que o ego de autoconservação quando torna-se idéia a ser perseguida como ideal de perfeição perde a sua inocência lógica e não erótica tornando-se objeto de desejo. Não é apenas a inocência sexual que é perdida, é o próprio corpo que, deixando o presente do agir, torna-se futuro incerto intensamente carregado das imagens incestuosas dos inícios (que nunca terminam de iniciar) míticos da existência humana nas hordas primitivas. Klein modifica a proposta de Freud de um narcisismo de ego libidinizado diferente daquele que não alcançava o ego de autoconservação, acrescentando a essa proposta a idéia de que pela via da conversão da libido, usando o modelo da histeria, o eu de autoconservação recebe conteúdos sexuais edípicos que se instalavam no corpo e, lá esquecidos – isto é, tornados ineficazes ao pensamento consciente, portanto não disponíveis para serem usados como atividade de conhecer –, inibem as ações cognitivas da atualidade por tornarem-nas gestos encharcados de erotismo e sensualidade diretamente ligados ao passado mítico do homem presente agora no corpo que age para dar conta de autoconservar-se. Isto é, na linguagem usada por Freud e Klein naquele momento: uma porção da excitação sexual [uma *cathexis*![3] – assim está escrito no texto de Melanie Klein (1923)[4]] ligada e descarregada na ação – fica retida nas próprias ações do sujeito que age como se fosse infeccionado por esse sexual que representa os símbolos próprios da violência edípica, que deveriam ser

---

3. Neste artigo Melanie Klein diz: "Em ambos os casos, o que tornou possível esse deslocamento de inibição ou ansiedade, de um grupo de tendências do ego para outro, foi, obviamente, a principal *cathexis* de um caráter sexual-simbólico que era comum a ambos os grupos". (p. 118) No texto essa colocação se multiplica; é melhor que seja lido em sua totalidade para se compreender melhor.
4. Klein, M. *Contribuições à psicanálise*, cap. III, *op. cit.*

reprimidos pela violência que narram e, mais que isso, fazem menção a um tempo onde ela era possível, isto é, fazem menção a um tempo onde essas ações eram de fato (será mesmo?) executadas.

Contudo, lá no texto, a questão que se levantava na época não era apenas a de uma sexualização da ação, era um problema maior, era a questão da presença ativa de uma reminiscência afetiva, de uma lembrança ou de um traço do investimento sexual dirigido a um objeto – envolvida em um drama marcado pelo mito de Édipo, neste caso – que agora era vítima, ou era alvo da defesa psíquica (a repressão – *Verdrangung*), fazendo desaparecer o investimento ao descarregá-lo no campo muscular da criança que brincava como reminiscência dramática de pertinência a um passado trágico, proibindo-a, no presente, de fazê-lo de modo suportável para a consciência. Escondidas nas ações, lembranças de experiências afetivas de um passado muito distante eram abandonadas nas camadas mais profundas da musculatura e perdiam sua força criativa pela densidade sexual que apresentavam no momento. Nenhuma ação podia mais ser executada sem que pudesse ser confundida com um gesto violento ou erótico cometido como está descrito no mito edípico. Ao sujeito edípico – que qualquer um de nós é – está proibido o agir no mundo. Esquecido de tudo que foi cometido em seu passado, apesar de "algo" nele, já de antemão, sabê-lo, acusa-se a cada ação ou gesto de uma brutalidade. Em outras palavras, mesmo esquecidas no corpo, as imagens dos mitos sexuais da origem eram vistas por um superego que não as tolerava e, ao proibi-las, aprisionava-as no tal corpo, inibindo a criatividade da criança que agia porque a queria tão perfeita que melhor seria paralisá-la do que ensiná-la a agir no campo simbólico, espaço específico do belo e do sublime, e, mais que isso, lugar do possível de ser feito.

No texto de Proust, porém, me surpreendia muito a profundidade da observação e a acuidade de linguagem, que dizia de modo simples praticamente tudo o que foi escrito sobre a histeria: "As pernas e os braços estão cheios de lembranças embotadas". E dizia, além disso, que uma lembrança seria capaz de levar direto à ação: ..."me fizera procurar atrás de mim a campainha"... uma ação, cuja lógica é irrefutável no plano de um agir com precisão. Na histeria, porém, essa ação surgia sem nenhuma explicação que o ego pudesse dar, a não ser o sintoma ou a "lembrança encobridora": mesmo sem ter acesso à consciência, uma reminiscência surgia do corpo e trazia consigo uma história que jazia viva na musculatura de alguém. Em Klein, esse acusador contínuo, que já sabe com anterioridade o erro da ação que se inscreve no futuro quando ainda está em projeto (raciocínios antecipatórios, por exemplo), é o superego, e somente ele poderia ser comparado à questão da palavra como ela é proposta por Lacan. Para mim, acho que isso vale lembrar, a teoria lacaniana do inconsciente só serve a uma parte da teoria kleiniana, que é essa que se refere ao superego como senhor de todo o saber do mundo, senhor do sujeito, senhor de tudo, pois tudo nele fala e é ele que fornece o script. Desculpem-me a digressão súbita, mas parece-me irresistivelmente necessária!

Bem, retomando. Toda uma história, um momento específico, era resgatado em gesto inexplicável e singelo – no entanto lógico –, sem ter estado em outro lugar senão no corpo, em sua musculatura. Uma história de amor que se recusava a ser esquecida aparecia agora como gesto fora do contexto.

No texto proustiano, a solução que se encontrava ainda pertencia ao campo da expressão da palavra escrita. Era Proust que, em sua posição de narrador, evocava lembranças capazes de nos levar a um mundo visível, com contornos e formas de bom tamanho. Porém, o mesmo texto dizia de uma memória totalmente perdida: "Minha memória perdera o amor de Albertina"... Memória essa, que se precipitava nos músculos, tornando-se "involuntária". Uma memória "involuntária dos membros", das pernas, dos braços, que revelava pontualmente um local, um momento, uma pessoa, um romance, um amor: "Albertina". Se em Proust esse nome era falado, na histeria – posso querer pensar, não? – como julgo que Melanie Klein pensaria, na histeria, justamente, esse nome era calado. A histérica falava somente a língua do sintoma, do enigma. Em Proust, o esquecido falava a língua francesa e falava sobre a questão do tempo reencontrado e perdido, produzindo uma romântica teoria psicanalítica sobre a memória e sobre a localização corporal da lembrança.

"Albertina!" Não poderia ser um nome apenas. "Albertina" era o sinal corporal do experimento fotográfico que era ter estado fisicamente na cama, próximo da pêra de luz, no convívio de um momento de sono, na experiência de um corpo junto a outro. "Albertina" evocava um clima, um afeto, um estado de espírito, uma ausência, a morte, a defunta, um desejo físico de alguém que implicaria, por fim, uma ação específica. Tudo isso era possível pela absoluta precisão do gesto físico que sustinha o corpo, pela inequívoca verdade que a ação evocava por dar ao espírito uma espécie de presentidade. O corpo se encontrava precisamente no local onde se desenrolara aquela ação, dando ao ser uma possibilidade de ver-se(!) sendo. Tudo se passara num quarto em Paris; no entanto o narrador dormia em Tansonville e, mais curioso, Albertina estava com ele, quase dentro dele, na memória dos seus braços e de suas pernas. Ela, morta. No entanto, sua lembrança ainda mantinha-se ativa no corpo dele, exigindo-lhe ações que sempre pudessem recuperá-la em todo o vazio de sua fisicidade. O corpo tornava viva a Albertina que ainda havia nele. A saudade estava no agir, no tomar da pêra de luz e recordar com saudade a amada que partira, este era o sinal de que o corpo ausente ainda sentia-se envolvido pelo corpo que persistia em estar nele.

O tema do tempo e da memória era o tema do corpo;

em última análise, o que presidia a reflexão de Proust sobre a reminiscência nada mais era que o recorte preciso que só pode nos dar o corpo que age por amor. A eternidade e o tempo já não eram pensados utopicamente: "A eternidade que Proust nos faz vislumbrar *não é a do tempo infinito, e sim a do tempo entrecruzado*"[5] ..."Ela pertence ao registro da embriaguez"[6] tão própria àquilo que é o corpo, isto é, seu entrecruzamento com o outro corpo.

Essas idéias, me conduziram a querer misturar os temas da ação, do tempo e da memória, mais voltados à minha investigação. Isto é, quis pensar que as ações vividas em outro tempo eram capazes de deixar um resíduo em nosso corpo e enchê-lo de história e de subjetividade. O corpo que age, interesse central nos estudos sobre a inteligência, tem dormente em seu ventre restos de uma história que pertence a outro momento da civilização que não aquele estritamente presente. Os tempos das ações psíquicas não respeitam a especificidade da ação presente, nem tampouco sua atualidade cognitiva. Arremessar uma funda e dizer de que ponto ela foi lançada (como Piaget[7] pedia às suas crianças), à luz do conhecimento inconsciente – como Klein propõe – é pedir que alguém fale de toda a história da cognição e de toda a história da sexualidade no mundo, sem ter consciência ativa desse fato. Agir para ela é repetir, inconscientemente, um ato fundamental, que foi simbólico enquanto ação, mas que se abre com o começo ativo da humanidade. Um gesto mítico de desejar a mãe e odiar o pai, matando este último e desposando a primeira. Então, pensei: se o "verbo" funda um espaço psíquico propriamente sagrado, a ação (comer o fruto

---

5. Benjamim. W. *Obras escolhidas – magia e técnica, arte e política*, op. cit., p. 45 (grifos meus).
6. *Idem, ibidem*.
7. Piaget, J. *A tomada de consciência*, tradução Edson Braga de Souza, São Paulo, Melhoramentos – Edusp, 1977, cap. 2.º.

da árvore do conhecimento) funda o sujeito epistêmico[8] que, no entanto, nada pode saber de si enquanto não for consagrado no mundo do mito em um Édipo qualquer, que foi de fato capaz de matar seu pai, "conhecer" sua mãe e depois cegar-se. Eis nosso futuro trágico ou, eis nosso desejo de que a vida possa ter algum sentido.

É assim que o Verbo bíblico, nos textos de João em seu evangelho, pode aparecer como palavra e ação: "No princípio era o Verbo" (João 1:1).[9] "Tudo foi feito por Ele, e sem Ele nada foi feito" (João 1:3).[10] O sentido da palavra "fazer" admite pensar que "fazer" e "palavra" se mesclam para erguer o corpo como algo além do verbo, como história da ação ("E o Verbo se fez carne." – João 1:14). Isto é, algo da ação deveria dar forma ao verbo que tanto necessitava ser objetivado. O verbo necessitava de um lugar onde soar, necessitava das máscaras físicas que introduziam tão bem o homem em seu teatro, necessitava de formas atuadas para poder pensar ser-lhe o conteúdo. A partir desse ponto nenhuma ação poderia estar entregue à realidade do momento, ela pertencia ao mito e devia ser capturada por ele . Ela sempre estaria submetida a uma história do processo civilizatório – seja mítica, teológica ou cientificamente falando – submetida à lógica das ações primeiras e ao seu poder formalizador e mítico – neste caso, quando fossem narradas estariam marcadas, essas mesmas ações, por um tempo diferente do tempo caótico. Marcariam um momento de fundação, um princípio, um gesto inaugural: "No princípio era o Verbo." (...) "Ele estava

---

8. Vale a pena pensar que o primeiro sujeito a nascer na cena psíquica é o sujeito que sabe, aquele que encontra no seio da mãe o objeto necessário e com ele se solda de tal forma que adquire a forma que o singulariza. Em Klein há um lapso temporal até surgir o sujeito do desejo. O sujeito epistêmico avalia o desejo como uma experiência medonha e o repudia.
9. *Bíblia Sagrada, op. cit.*
10. *Idem, ibidem.*

no princípio junto de Deus" (João 1:1-2).[11] Gesto inaugural que pôde dar forma a algo que talvez fosse puro conteúdo, pura qualidade. Assim "O Verbo se fez carne." (João 1:14):[12] formalizou-se.[13] E assim o conhecimento, tanto pessoal quanto científico, à luz da proposta de Klein, está imerso nesse saber, que vive no interior do invólucro que o mito bíblico oferece ao inexplicável e ao inefável corporal do homem.

Sob essa ótica, é a perda da memória, a perda dos conteúdos e das formas, o esquecimento, o gesto esquecido, repudiado pela consciência, proibido de ser formulado como palavra, que ressurge como repetição, aparentemente ingênua, no corpo de quem já não pode pensar. Essa memória ou esse esquecimento ressurge como repetição compulsiva, fora do controle do sujeito que age.

O sujeito diria: "Eu ajo, mas é a ação histórica que readquire vida em minha ação. Ela está esquecida para mim, mas não para o superego que vigia meus atos – mesmo que exclusivamente psíquicos –, para sempre neles encontrar um resto da violência usada para construir a civilização, e um resto do ideal que nessa ação não está cumprido". O superego espera que a ação seja apenas lógica, apenas álgebra, apenas cálculo, mas o corpo proíbe. Assim, a corporeidade, ao olhar do superego se equivoca quando reage visceral-

---

11. *Bíblia Sagrada*, op. cit.
12. *Idem, ibidem*.
13. Em um artigo de Adélia Bezerra de Menezes, publicado pela *Folha de S. Paulo*, em 29 de janeiro de 1988, com o título: Do Poder da Palavra, ela aborda a oposição e a interdependência entre sema e soma. A autora diz: "'No princípio era a ação', diz o Fausto de Goethe. Mas, entre a ação e a palavra, em *As mil e uma noites* a escolha está feita. 'No princípio era o Verbo', parecem dizer-nos elas, retomando o início do texto do mais visionário dos evangelistas. No entanto, esse texto não pára aí: (...) 'E o Verbo se fez carne': restaura-se, assim, a dialética sema/soma, inscrita no cerne da palavra – a palavra é também, inapelavelmente, corpo."

mente à presença do signo, familiarizando-o, pois reagir é confirmar a existência do sensível, do corpo e, com ele, a existência da morte. Sujeito e objeto, diante da reação visceral tornam-se "familiarmente estranhos" pelo fato de serem continuidades vivas da história que se sintetiza no encontro dos corpos, mas, apesar disso, são uma afirmativa quase intolerável para o superego.

Retomo a questão da ação esquecida e observo, em Freud, como esse esquecimento reaparece no campo do agir:

> (...) *O paciente não recorda coisa alguma do que esqueceu e reprimiu, mas o expressa pela atuação ou o atua* (acts it out). *Ele o reproduz não como lembrança, mas como ação; repete-o, sem, naturalmente, saber o que está repetindo.*[14]

A atuação é a recordação. Precipitada na musculatura e completamente esquecida, revive ao ser agida. Ela não pertence mais ao registro do pensamento acessível ou da memória evocável; é uma ação que não pode mais ser dita. Nesse caso, não há um Proust para narrar suas recordações. Agir é, aqui, reproduzir uma experiência que não pode ser lembrada: atuar é repetir a ação para não lembrar. Algo deve ser esquecido. Algo insuportável deve ser afastado do mundo psíquico e, nesse esforço de esquecimento, o corpo e as ações do sujeito são remetidos a uma outra cena. As recordações das ações que construíram história, capturadas por esta cena, lançam a ação em uma dimensão onírica. O mesmo sujeito age sem poder pensar nessa ação, ela o invade e surpreende, pois o próprio agir remete o responsável pela

---

14. Freud, S. *Recordar, repetir e elaborar (Novas recomendações sobre a técnica da psicanálise II)*, v. XII das Obras Psicológicas Completas de S. Freud, R.J., Imago, tradução de José Octávio de Aguiar Abreu, 1969, p. 196.

ação em um outro tempo. (Freud pensa sempre no tempo infantil, tempo para ele sempre esquecido. Ou talvez mergulhado naquele – tempo proustiano – das confusões da embriaguez.)

Quando agimos possuídos por esse tempo, já não sabemos qual é o objeto que se encontra à nossa frente. Olhamos para o mundo e apreendemos uma intuição do passado, sem que ela se revele como idéia, como conhecimento ou, pelo menos, como algo pensável; tudo torna-se ato e, infelizmente, muitas vezes, atuação. Vemos um mundo e em nosso corpo há a memória de outro. O objeto a ser conhecido se perde no mundo das lembranças inconscientes. Algo de Platão está aí apresentado; porém as lembranças esquecidas fazem-se presentes no corpo, no campo das ações, e não podem vir do diálogo com o filósofo. Assim, pode-se dizer: as ações são lembranças de que não podem ser lembradas, e também são lembranças de que, tampouco, podem ser esquecidas. Elas ficam nessa penumbra de tempos que se escondem nas fibras musculares, fugindo do espaço e do tempo.

O homem conhecedor,[15] construtor das razões e da ciência, encontra-se com um homem amotinado em suas recordações. Incapaz de lembrar e também de esquecer, esse homem se esconde no movimento, no gesto, na ação cotidiana, e a faz cair na lógica de um passado que não se desgasta. Seus atos estão em outro tempo, onde tudo já estava descoberto – no entanto aquilo que foi descoberto não pôde

---

15. Do ponto de vista psicanalítico, a ação inconsciente antecipa o momento do castigo, da culpa. Porém, do ponto de vista cognitivo, vale como lógica antecipatória, capaz de orientar o conhecer. A ação inconsciente está dominada por uma ação passada. A ação cognitiva está orientada por uma ação futura. Porém, no corpo, esses dois tempos se sobrepõem e interferem no complexo processo de construção do conhecimento.

jamais ser lembrado por ter que lembrar, ao fim, de que se nasce, mas, mais que isso, de que se morre.

Visão primeira e única da criação? Fantasia primária? Coito sádico entre os pais? Novamente o mito explica algo no lugar onde nada havia para ser explicado. Novamente é o vazio incognoscível a base mais forte do conhecimento: é necessário ver o que existe para ser visto e, depois disso, tudo será esquecido, tudo será transe hipnótico e nunca mais será possível tornar visível o objeto da visão e despertar do sonho. Acordar seria morrer.

A palavra calada onde a visão fica completamente perdida e o silêncio obscuro do corpo são coisas idênticas que mergulham num mundo onde o tempo está fora do tempo. Nosso corpo se move, é impossível não reagir ao som do primeiro grito, dos ruídos do ventre, dos sons que estão percorrendo o ambiente (o primeiro silêncio que se seguiu a tudo, aquele momento vazio)... Para viver e conhecer o homem devem-se manter esses mundos para sempre esquecidos. Para sempre separados. Um Janos bifronte que olha para dois mundos diferentes e que cinde o transcurso do tempo dando uma noção infinita ao passado e ao futuro. O mito tem essa justa função: mentir a existência para, somente assim, poder afirmá-la, preenchendo a lacuna do esquecimento. Seria importante poder falar da força da imaginação, mas deixarei para outro momento. Apenas uma palavra roubada de Donald Meltzer:

> *No entanto, a imaginação é dotada de uma tal força de apropriação, que é capaz de descobrir alimento para o pensamento, mesmo no deserto.*[16]

É preciso considerar – concebendo um mundo mental

---
16. Meltzer, D. *O conflito estético: o seu lugar no processo de desenvolvimento, op. cit.*

como Klein o concebeu – que o conhecimento propriamente científico encontra-se submerso em uma experiência, antes de mais nada, puramente visceral ou, se quisermos, puramente mítica, ou ainda, se não aceitarmos nenhum argumento que não os fatos, é preciso considerar o conhecimento pelo menos como sendo uma experiência imaginada inconscientemente, pois não pensamos ao agir, se o fazemos não agimos, pois aquele que conhece e imagina está capturado em uma rede de fios históricos tecida no interior de suas ações que o remete inexoravelmente ao seu passado e o paralisa pela violência pressuposta, que será repetida em ato neste momento. É no inconsciente, ou melhor, no id que a história das ações humanas está representada como atualidade, ou seja, é lá que todos os egos, que forjaram a história com suas próprias ações, lá no id estão precipitados. A esse respeito Freud diz:

> *Além disso, não se deve tomar a diferença entre ego e id num sentido demasiado rígido, nem esquecer que o ego é uma parte especialmente diferenciada do id. As experiências do ego parecem, a princípio, estar perdidas para a herança; mas quando se repetem com bastante freqüência e com intensidade suficiente em muitos indivíduos, em gerações sucessivas, transformam-se, por assim dizer, em experiências do id, cujas impressões são preservadas por herança. Dessa maneira, no id, que é capaz de ser herdado, acham-se abrigados resíduos das existências de incontáveis egos; e quando o ego forma o seu superego a partir do id, pode talvez estar apenas revivendo formas de antigos egos e ressuscitando-as.*[17]

---

17. Freud, S. *O ego e o id*, v. XIX das Obras Psicológicas Completas de S. Freud, R.J., Imago, tradução de José Octávio de Aguiar Abreu, 1976, p. 53, (grifos meus).

Sem a pretensão literária da obra proustiana, Freud radicaliza nesse artigo a questão da recordação inconsciente da própria ação do sujeito humano feita em um passado longínquo. Lança memória e ação no campo da filogênese, e esta diretamente no centro do mundo pulsional representado. Assim, no id – pela repetição – encontram-se os traços vivos daquilo que foi impossível esquecer e, no entanto, agora é impossível ser lembrado, pois está sob severa vigilância do superego erigido no interior do homem como ideal de não ação:

> *Através da formação do ideal, o que a biologia e as vicissitudes da espécie humana criaram no id, e neste deixaram atrás de si,* é assumido pelo ego e re-experimentado em relação a si próprio como indivíduo. *Devido à maneira pela qual o ideal do ego se forma, ele possui os vínculos mais abundantes com a aquisição filogenética de cada indivíduo – sua herança arcaica (...) É fácil demonstrar que o ideal do ego responde a tudo o que é esperado da mais alta natureza do homem. Como substituto de um anseio pelo pai, ele contém o germe do qual todas as religiões evolveram. O autojulgamento, que declara que o ego não alcança o seu ideal, produz o sentimento religioso de humildade a que o crente apela em seu anseio.*[18]

Faço apenas uma observação paralela que não gostaria de deixar passar: é o ideal (por ser idéia quase em estado puro) que movimenta toda a experiência de culpa e é essa mesma culpa que, no melancólico, aparece como responsabilidade onipotente por todo o mal do mundo, pois nele o eu nunca será precisamente igual ao ideal do eu. É necessário

---

18. *Idem, ibidem,* pp. 51-52 (grifos meus).

assumir a existência como um fato corporal; e isso faz do melancólico alguém que rejeita seu corpo e chora pela sua morte, pois seu corpo age em desarmonia com seu ideal (o ideal não quer ação, quer apenas idéia, representação sem corpo). Voltando a essa idéia de que é possível imaginar um mundo mental no qual as ações devem ser esquecidas, é importante dizer que é nele que fica possível apreender o vasto manancial do inexplicado e do inconcebível de não sabermos quem somos nem por que fazemos o que fazemos. Gestos que foram realizados no vazio, sem que o psiquismo pudesse proporcionar um lugar mínimo (até, talvez, sublime, quem sabe?) para acolhê-los, acabaram por serem gestos paradoxais, pois detinham a mais absoluta precisão, sem nenhuma palavra e pensamento que pudesse contê-los e explicá-los, profundamente deslocados de um mundo onde pudesse haver beleza, aparecem no agora, sem nenhum sinal de tristeza, que, completamente delinqüenciais, acabam por transformarem-se em gestos que ainda estão à espera de um sentido e de uma formalização no campo do simbólico, ou melhor, do espírito humano. Em uma palavra: à espera de corporeidade esses gestos são gestos que não sabem ao que estão servindo, tampouco, sabem o que poderiam estar fazendo. Então, quando a formalização acontece, a ação tem um significado; porta uma verdade, por ter ocorrido em um momento no tempo, é isso que dá o corpo que nos faz existir. Curiosamente, por outro lado e visto pelo olho do ideal do ego, o superego, deriva-se em um ato proibido, de esquecimento; transformando o gesto espontâneo em crime ancestral, condenado pelo ideal formado na evolução. Ter matado o pai primevo – ação importantíssima para a evolução das sociedades humanas, mesmo que tenha sido apenas em nível mítico[19] – é visto pelo ideal como crime

---

19. Dizia Göethe de Freud:
   Está grafado aqui: "No princípio era o Verbo!"

execrável e sem perdão, pelo qual o ego atual é condenado sem ter cometido, posto que o ideal concebe o mito como ação executada. E, note-se, essa é a dramática função do censor interno que nos odeia.

Assim sendo, toda ação que for aprisionada no espaço onde não pôde haver pensamento ou beleza, caso ela ainda possa existir depois disso, sobreviverá sendo, no entanto, considerada como crime cometido, que infinitamente perdurará como ato cometido nas camadas mais profundas do psiquismo.

Eis mais uma vez apresentada a teoria do pecado original? Talvez. Talvez seja esta a qualidade da ação esquecida. Gesto primevo, condenado, que compromete para sempre as ações do conhecer. Lidas a partir de um ideal narcísico são ações sempre vistas como desafio e desrespeito a uma lei original; são ações vistas como transgressão de uma proibição que põe em jogo tudo aquilo que foi visto e não deveria ter sido. Ações que fazem do conhecimento uma violação e portanto passam a ser merecedoras de castigo.

Comer do fruto proibido, assim conta o mito, fez do homem uma vítima de si mesmo, vítima de um corpo –

---

Esbarro! Quem me ajuda no caminho acerbo?
É impossível estimar tão alto o Verbo assim!
Preciso de outra forma traduzir! Para mim,
Iluminado do Espírito e com a sua assistência,
Pode entender-se assim: "No início a Inteligência!"
Reflete bem agora o que essa frase expressa,
Para que o teu escrever não corra tão depressa!
A Inteligência só, tudo cria e reforça?
Devia ter escrito: "Ao princípio era a Força!"
Enquanto lanço agora essa última linha,
Algo me inspira além e para mim caminha.
O Espírito me ajuda! E diviso um clarão.
Escrevo confiante: *"Ao princípio era a Ação!"*.
[Göethe, J.W. *Fausto*, tradução de Sílvio Meira, São Paulo, Círculo do Livro, v. I, p. 65-66 (grifos meus)].

sistema aprisionante – que continha em seu miolo (no centro de si) a consciência do transcurso da vida e da justeza precisa da morte, sistema também capaz de perceber as diferenças que havia de um corpo em relação a outro, ajudado pela visão que a demoníaca árvore do conhecimento tornava possível dando ao homem a realidade física do corporal.[20] Esse gesto pôs a existência física do homem como a causa do mal e colocou-o como aquele que ao saber adquire características concretas por ter agido mal aos olhos de Deus, e assim por esse motivo está proibido de ter acesso ao conhecimento, já que tomou em suas mãos, desobedientes, o fruto da árvore proibida. Portanto, o conhecimento do corpo, do bem, do mal, da morte, de Deus e do demoníaco unem-se e são aglutinados no próprio organismo humano, que é expulso do local ideal dos nascimentos, o paraíso. Expulso desse espaço onde o que havia era corpo sem, no entanto, haver carne, homem e mulher vagam desgostosos num mundo dessacralizado e brutalmente inóspito.

Agir e conhecer são agora as formas do mal. É necessário ler o Gênesis, para entender que o problema do conhecimento continua o mesmo desde então. Dois mil anos cristãos se passaram – e o judaísmo nos informa que são muitos mais. A história do homem (pelo menos aquela que hoje está escrita como palavra sagrada) remonta, pelo menos, a cinco mil anos, naquela que é a história teológica e mítica do homem. O

---

20. Cito um pequeno fragmento de Wilfred Bion falando sobre a visão: "De minha parte, julguei impossível interpretar o material trazido por esses pacientes como manifestações de desenvolvimento puramente patológico, apenas, dissociado de qualquer desenvolvimento físico concomitante. Tenho dúvidas se o desenvolvimento psicológico não estaria vinculado ao desenvolvimento do controle ocular da mesma maneira que os problemas ligados à agressão oral coexistem com a erupção dos dentes". (Bion, W.R. *Estudos Psicanalíticos revisados*, tradução de Wellington M. de Melo Dantas, Rio de Janeiro, Imago, 1988, p. 25.)

homem, lavrador das línguas, vem forjando em suas ações as letras que podem falar dele mesmo ao longo de cinco mil anos. Com elas, fundou o tempo da língua, da fala e da narrativa e, com estas, abriu o tempo fundado pelo corpo capaz de se fazer letra, palavra, idéia; idéia que um dia – talvez infelizmente – matará o corpo, por julgá-lo a forma precária da criação, depois de ter sido usado como seu referencial fundante.

O mito, assim, narra o tempo de um deus sem corpo, capaz de estar como verbo no lugar do corpo; narra o tempo de uma letra (sopro) que lhe dá sentido e vida, além de uma forma imortal. No entanto o mito também narra o tempo da primeira forma, tempo da primeira visão do corpo, da primeira nudez anunciada e ligada ao erro de agir tomando o fruto da árvore do conhecimento:

> *Quem te revelou que estavas nu? Terias tu porventura comido do fruto da árvore que eu te havia proibido de comer?* (Gênesis 3:11)

Também é esse o tempo dos olhos que se abrem e da visão que se impõe enquanto experiência de horror e vergonha do corpo:

> *Então os olhos abriram-se; e, vendo que estavam nus, tomaram folhas de figueira, ligaram-nas e fizeram cinturas para si.* (Gênesis 3:7)[21]

Aí está tudo o que existe para ser visto, e aí, também, está tudo aquilo que não deve ser visto: o corpo, isto é, a primeira forma da idéia de Deus, a primeira forma do sopro divino depois do pecado. O corpo, sua forma. Seu efeito, o conhecimento, e ligada a ele a vergonha, seu conteúdo. O

---

21. *Bíblia Sagrada, op. cit.*

mundo proibido de ser visto faz da visão e da ação de ver um exercício arriscado. Édipo é sem dúvida a trágica lembrança desse fato. Cegar-se porque viu é o mesmo que cegar-se porque soube, porque conheceu. A inveja e a arrogância do personagem são os indícios desse processo: descobrir a verdade a qualquer preço e tomar em suas mãos a ação uma vez proibida (matar brutalmente o pai e amar sexualmente a mãe) trazem para bem perto de cada um de nós a tragédia do conhecimento de nossas vidas. Em seguida, após a expulsão primária, sobrevém a inveja, e essa inveja carrega em seu bojo, ao mesmo tempo, o tema do olhar dentro do outro, pela violação desse outro, e evoca também o tema do desespero de não ver, pois nada há ali para ser visto. Assim o pavor e a violência contidos no ato de conhecer já nesse ponto se colocam: Édipo matou seu pai e conheceu sua mãe, isto é: freqüentou-a! Em uma palavra, esteve dentro dela pelo menos duas vezes; a primeira como filho, a segunda como um outro que tinha volúpia de penetrá-la com seu pênis para fecundá-la. Assim, a curiosidade e o desejo de conhecer só podem estar presentes em nós se, depois de haverem se tornado insuportavelmente visíveis, puderem ser tomados como experiência viável quando não representarem uma catástrofe, transformando-se em tristeza e símbolo.[22]

O mundo das inibições, mais que o da patologia e do romance trágico, deixa isso claro. A inibição, que é da ordem do cotidiano, do corriqueiro, do coloquial, abriga toda uma verdade mais sutil – uma catástrofe silenciosa – do que aquela vista no escândalo da patologia. É ela, a inibição, que nos ensina mais uma vez sobre o tecido delicado em que se apóia a experiência do conhecimento humano. O esquecimento e a memória inconsciente de ações cometidas em outro tempo são os aspectos que presidem essa inibição e garantem

---

22. Bion, W.R. *Estudos psicanalíticos revisados*, op. cit. cap. 7.

o lado trágico contido nas ações atuais. Ao mesmo tempo, memória e esquecimento são responsáveis pela presença da inibição, quando tomados como leis arbitrárias impostas a um sujeito inerme diante do mundo, incapaz de se entristecer e de ver na sublimação e no mito a saída lúdica para uma vida psíquica violenta.

Será na inibição que as ações estarão submissas a um outro tempo. Tempo de outras histórias e de outras cenas, em que o corpo é olhado pelos olhos da lei e por isso deve ser escondido, não visto. Quando é chegado o momento de o criador ter a visão sensorial da criatura, é hora de partir.

> *E eis que ouviram o barulho dos (passos) do Senhor Deus que passeava no jardim, à hora da brisa da tarde. O homem e sua mulher esconderam-se da face do Senhor Deus, no meio das árvores do jardim.* (Gênesis 3:8)[23]

E Adão, o primeiro homem, respondeu, quando perguntado por que se escondia:

> *Ouvi o barulho dos Vossos passos no jardim; tive medo, porque estou nu; e ocultei-me.* (Gênesis 3:10)

Primeiro gesto de inibição e retraimento diante do Criador, e primeiro gesto de inibição do conhecimento com a presença corporal. O ideal agora reprova a ação que fizera de Adão um igual a Deus. A vergonha e o temor afloram e o Deus adquire imediatamente as qualidades de proibição e ameaça.

Nesse momento se avizinha a expulsão (expulsão primitiva). Mais um pouco, homem e mulher perdem sua

---

23. *Bíblia Sagrada, op. cit.*

condição paradisíaca e, expulsos, caem na terra como forma imperfeita de um mundo fundado pelo Verbo e agora dele alijado. O Verbo, aqui, adquire a forma imperfeita que a ação cometida engendrou, fornecendo corpo à palavra e demarcando um limite a partir do qual a expulsão se perfaz em carne, portanto, em morte.

Esse é o exemplo vivo de uma ação inibida, de um recolhimento, da ação cuja causa ou culpa é imputada ao demoníaco – "A serpente enganou-me – respondeu ela – e eu comi." (Gênesis 3:13)[24] – e em que a curiosidade não pode ser maior que a lei, dirigindo-se ao mundo da morte. É o outro – o "grande outro" serpente – que é o responsável. Ninguém, homem ou mulher, suporta a responsabilidade pelo gesto de curiosidade cometido. Recusam-se a ser tomados como agentes do erro e do mal; livram-se desesperadamente da curiosidade da ação e da culpa, acusando uma entidade representativa do mal à qual ficarão submetidos desde então.

Assim sendo, toda ação estará fadada a uma condenação, posto ser sempre aquilo que não deveria ter sido feito... A não ser – nos diria Klein[25] (1923) – que fosse feito como ação sublime, que construísse um espaço próprio do talento, envolvendo o corpo na profundidade simbólica construída na relação entre ilusão, sexualidade e brincadeira. Hoje, se ela me permitisse escrever por ela uma frase, esta seria: "Em última análise, o gesto talentoso poderia ser um ataque histérico sublimado". Isto é, a deformação involuntária do corpo poderia dar lugar a um belo espetáculo proposital e consciente de contorcionismo, sensualidade e beleza, fazendo o gesto proibido parecer-se com a beleza acorporal de Deus.

Entendo que esta pode ser uma leitura possível do trecho que passo a citar:

---

24. *Idem, ibidem.*
25. Klein, M. *Contribuições à psicanálise, op. cit.*, cap. III, p. 127.

*Pois bem, como o ataque histérico utiliza como matéria-prima uma condensação peculiar de fantasmas, assim também o desenvolvimento, seja de um interesse na arte ou de um talento criador, dependeria parcialmente da riqueza e intensidade de fixações e fantasias representadas na sublimação.*

E ela ainda diz:

*O gênio difere do talento, não só quantitativamente, mas também em sua qualidade essencial. Todavia, podemos atribuir ao gênio as mesmas condições genéticas que ao talento. O gênio parece possível quando todos os fatores que lhe dizem respeito estão presentes em tal abundância que permitem o surgimento de agrupamentos únicos, constituídos de unidades que têm alguma semelhança entre si – quero dizer, as fixações libidinais.*[26]

Tem-se uma polaridade: histeria por um lado, sublimação por outro. Patologia que esconde a força criativa de cada gesto, por um lado (fazendo do gesto atual algo insuportavelmente saturado de perigo e proibição), contra a beleza da ação, por outro. As localizações temporais não se fixam e colocam as ações sob o domínio de uma outra cena. Aquilo que poderia ser belo, por ser um movimento possível na vasta gama de combinações das ações, torna-se presa de uma memória que aqui se chama de mítica e vinculada ao ideal do ego. Involuntária para o eu; absolutamente viva e cheia de ódio para o ideal do eu.

O gesto talentoso e a genialidade estão abafados,

---

26. *Idem, ibidem*, p. 127.

porque o esquecimento se apossou do corpo, fazendo com que ele ficasse inibido e incapaz de escrever sua história. A possibilidade de brincar se dissolve e ruma em direção ao esquecimento e à repressão. Aquilo que tinha mudado de estado e adquirido leveza pela força da sublimação readquire peso e desqualifica o corpo como veículo capaz de criar realidades ao redor de um acontecimento vivido. Os aspectos mortais da história esquecida invadem os campos atuais do agir, endurecendo a plasticidade que toda ação (e pensamento) necessita para poder pertencer aos tempos do conhecer e do devir. A verdade descontínua da história cede lugar a uma rígida narrativa que se repete em silêncio no corpo. Na inibição, a "Albertina" de Proust não é mais o sinal de uma saudade; pelo contrário, está viva (estando pesadamente morta) e agora possui o corpo do escritor que não pode mais escrever, nem brincar, nem sonhar. Tudo é fato vivido na fantasia, desligado do corpo que lhe permitiria elaboração, formalização e realidade. Tudo pertence ao superego que avalia o imaginário como se fosse realidade em ação.

Então, sem o lúdico, nada do que foi atuado pode ser pensado. Sem sublimação, não há brincadeira, não há dramatização, nem há a possibilidade de se criarem campos virtuais para que as lembranças possam ser saboreadas como história e pensamento, e não como verdade última e definitiva de uma catástrofe em curso.

Em seu texto *A Dialética da Duração* (1988), Bachelard fala das condições que a consciência necessita para abordar o mundo das ações belas e das experiências humanas com o tempo e o espaço:

> *Captaríamos assim o papel do pensamento dramático na fixação de nossas recordações. Não se retém senão o que foi dramatizado pela linguagem; qualquer outro juízo é fugaz. Sem fixação*

*falada, expressa, dramatizada, a recordação não pode relacionar-se à sua localização. É preciso que a reflexão construa tempo ao redor de um acontecimento, no próprio instante em que o acontecimento se produz, para que reencontremos esse acontecimento na recordação do tempo desaparecido. Sem a razão, a memória é incompleta e ineficaz.*[27]

Por esse caminho, sabe-se que a razão é o último avatar da brincadeira, principalmente quando (para o espírito grato) a palavra é bem-vinda. Ela constrói tempo ao redor de um acontecimento e permite ao tempo desaparecido ser reencontrado na imaginação racional do sujeito epistêmico. Recuperando sua capacidade de saber ler, escrever e brincar, o cientista pode reconstruir fragmentos de realidade e, brincando com eles, descobrir ligações que resgatam o saber que havia sido lançado no esquecimento, por ter perdido sua qualidade sublime e, portanto, bela. A recordação narrada faz do sujeito, mergulhado nas realidades alucinadas de seu superego, um sujeito apto ao conhecimento; triste por ter sido quebrado seu espelho narcísico, mas vivo, capaz de humor diante da desilusão contínua, resultante do desencontro entre ideal e real.

## A ação sublime:
### em busca de mais uma teoria sobre o brincar

Retomando a questão da sublimação, em 1923, portanto bem no início de sua obra escrita – que data de 1919/20 –, Melanie Klein propõe uma nova teoria sobre o ego. O artigo

---

27. Bachelard, G. *A dialética da duração, op. cit.*, p. 49.

é árido. É ordenado na pulsação livremente associativa (característica da autora) e repleto de conceitos freudianos importantes e propostas que 're-interpretam' esses conceitos de forma totalmente particular. Por exemplo: o recalque ocupa um espaço diferente daquele reservado à inibição. A inibição, além de atingir as idéias, atinge também as ações. Isto é, a inibição é uma defesa que consome a energia psíquica no campo da musculatura; uma conversão, poder-se-ia dizer, porém não sintomática, inexprimível, a não ser no corpo como

> *desajeitamento nos jogos e em ginástica e aversão por eles; pouco ou nenhum prazer nas lições; falta de interesse por determinado assunto e, em geral, os vários graus da assim chamada 'preguiça'.*[28]

Com isso todo o talento se prejudica, pois é o campo do agir que será afetado pelas formas da paixão.

Melanie Klein diz:

> *Constatamos amiúde na psicanálise que as* inibições *neuróticas dos talentos são* provocadas pelo recalque que sobrepujou as idéias libidinais associadas com estas atividades específicas *e que, assim, abafou, ao mesmo tempo,* as próprias atividades.[29]

Inibições capazes de deter uma atividade, capazes de estacionar o brincar: as atividades lúdicas, os jogos, as ações – mesmo as mais simples – estariam à mercê de um prazer sexual que envolvesse essas ações, antes mesmo que elas pudessem

---

28. Klein, M. *Contribuições à psicanálise, op. cit.* p. 111., cap. 3 – A Análise Infantil.
29. *Idem, ibidem* (grifos meus).

vir a ser prazer suportado pela consciência. Esse prazer primitivo – ligado ao fato de ser grato pelo corpo que alguém pode possuir – recebe um incremento inconveniente de sexualidade que vem do mundo do mito e que impede uma atividade qualquer de se realizar, por situá-la – a partir dessa repressão-simbolização – em um campo proibido e tornado concreto. Ela diz:

> (...) *a base dessas inibições era, também, um forte prazer primitivo que fora recalcado devido ao seu caráter sexual. Os jogos de bolas ou de argolas, a patinação, as corridas de tobogã, a dança, a ginástica, a natação – todos esses jogos motores demonstraram ter uma* cathexis *libidinal, e o simbolismo genital sempre desempenhou uma parte nessas atividades.*[30]

A ação é impedida de realizar-se por receber uma marca proveniente da sexualidade, por não tomar o símbolo como uma ilusão bem-vinda. Todo um texto mítico – castração, Édipo, temor e trauma do nascimento – envolve os prazeres próprios da ação com prazeres travestidos em realidades simbólicas proibidas, próprios de uma sexualidade infantil, fragmentada, polimorfa, vivida nos primórdios dos tempos. Isto é, para dar vazão a um excedente inerente ao movimento da pulsão – um a mais que não se resolve –, mesmo depois de reprimidos, os conteúdos sexuais que circulam no psiquismo aderem-se, fundem-se às ações do humano, roubando a espontaneidade que lhe é particular.

O eu de autoconservação fica, por esse movimento, invadido por uma multidão de duplos sentidos que lhe tira

---

30. *Idem, ibidem,* p. 111-112. Cabe aqui uma observação: muito da obra de Klein situa-se em relação ao cotidiano e ao campo do comum; é só lembrar do conceito de inveja, proveniente das relações mais comuns, que, em sua obra, vem adquirir a potência de um conceito.

uma neutralidade útil para poder conhecer. Todas as ações caem em uma ininterrupta produção de metáforas; todas elas indicando a sexualidade, a confusão de línguas, a mistura do cognitivo com o proibido (por estar sexualizado, porém fora do campo do simbólico possível e do lúdico), indicando sempre a morte ou, o que é pior, a vida petrificada, definida por um superego que não distingue a imaginação da ação.

O nascimento da inteligência é mergulhado no perturbador ambiente da sexualidade e do diabólico, golpeando a criatividade e a força cognitiva do indivíduo. Nenhuma ação – centro nervoso da construção da inteligência – a partir de agora seria ingênua, inocente. A culpa pelo crime cometido em outro tempo fazia de todos nós Édipos, antes de sermos qualquer outro. Culpados por gestos não cometidos – a não ser em um tempo próprio à narrativa pintada, falada e imaginada da ação realizada – contra nossos pais, nenhum de nós disporia da ação cognitiva sem antes ter que despi-la das máscaras das ilusões que, narradas pelo mito, ganham vida; isto é, tornam-se a narrativa falada ou escrita da ação que um dia foi realizada e que agora deve ser proibida, por ter caído num mundo de feiúra.

Por outro lado, a inteligência sempre viria acompanhada pela inibição, como condição própria de sua existência, e Melanie Klein concebia o problema da inibição como uma espécie de doença da normalidade.

Então, tanto inveja como inibição remetem à imperceptível, porém presente, violência que ronda e envolve nossos corpos e nossas ações, portanto, nossa inteligência.

Absolutamente absorvida nas discussões psicanalíticas da época, Melanie Klein misturava influências de Ferenczi, Groddeck, Freud, Abraham[31] e com eles arriscava uma teoria sobre a sublimação, os símbolos e a civilização. Aquela época

---

31. Petot, J.-M. *Melanie Klein I*, tradução: Marise Levy et alli, São Paulo, Perspectiva, 1987, 2º capítulo em sua íntegra.

era um momento de mudança teórica; os colaboradores já produziam avidamente, e as formulações da primeira tópica freudiana eram invadidas por uma "fantasia filogenética"[32] (como dizia Freud a Ferenczi, em carta de 18 de julho de 1913),[33] que falava do homem como ser em evolução, sendo construído, inscrito em um momento do tempo, com um começo filogenético marcado no interior do primeiro animal que habitou a terra, sempre influenciado pelo momento histórico, porém totalmente comprometido com seu passado que apontava para uma espécie de filogênese das formas. Apoiada em Ferenczi, e muito influenciada pelo magnetismo fantástico que o texto do "grão-vizir" da psicanálise transmitia, Melanie Klein tentava pensar sobre a gênese do belo que, partindo do ideal, construía os limites do psiquismo e lhe possibilitava as primeiras formas.

"Agido" e não agente, guiado, não só pelo esquecimento mas também pelas obras e símbolos produzidos ao longo do tempo de civilização, esse *homo ludens* brincava com as polaridades da vida e da morte.[34] Temerária, a primeira brincadeira era tentar saber o que poderia ser estar vivo,[35] e o que seria estar morto.

---

32. Ferenczi, S. Thalassa – *Ensaio sobre a teoria da genitalidade*, tradução: Álvaro Cabral, São Paulo, Martins Fontes, 1990, parte B, cap. VI.
33. Freud, S. *Neurose de transferência: uma síntese – organização, notas e ensaio complementar: Ilse Grubrich-Simitis*, tradução: Abram Eksterman, Rio de Janeiro, Imago, 1987, p. 90.
34. "Onde Ferenczi interpreta os símbolos 'como vestígios historicamente importantes de fatos biológicos reprimidos'." Idem, p. 107.
35. Na obra escrita de Samuel Beckett, há um texto que talvez seja exemplar deste momento: "Malone está aí. De sua vivacidade mortal restam poucos traços. Ele passa à minha frente a intervalos sem dúvida regulares, a não ser que seja eu quem passa à sua frente. Não, de uma vez por todas, eu não me mexo. Ele passa, imóvel. Mas não se trata muito de Malone, de quem não há mais nada a

A teoria do esquecimento não bastaria para explicar essa nova metapsicologia sobre o símbolo e sua relação com o narcisismo; era preciso uma teorização que incluísse a questão do belo e da morte. O ego de autoconservação era fantoche do simbolismo sexual e das figuras estáticas que o ideal importaria do exterior para fixar o real à morte. A repressão, que separava o afeto da idéia, não podia evitar a força deformadora da sexualidade reprimida e da reação de evitação psíquica dela mesma. Esta sexualização, impossível de ser interrompida, esquivar-se-ia dos efeitos da repressão, escondendo-se – pela inibição – nos meandros do corpo, inibindo as ações, por comprometê-las com interesses escusos. A própria Klein afirma:

> *A base do recalque bem-sucedido seria, então, a* cathexis *libidinal dos instintos do ego, acompanhada, neste duplo caminho, por um efeito inibitório.*[36]

A repressão teve êxito, foi satisfatória, foi bem-sucedida, e exatamente por isso o conflito migrou para a musculatura e para a curiosidade, sexualizando-os, isto é, inibindo-os.

Se "toda obra do homem pode ser interpretada como

---

esperar. Pessoalmente não tenho a intenção de aborrecer-me. Ao vê-lo, a ele, é que me perguntei se projetamos uma sombra. Impossível saber. Ele passa junto de mim, a alguns centímetros, lentamente, sempre no mesmo sentido. Acredito que seja ele. Esse chapéu sem abas me parece conclusivo. Ele apóia o maxilar nas duas mãos. Passa sem me dirigir a palavra. Talvez não me veja. Um dia desses vou interpelá-lo, eu direi, não sei, encontrarei, na hora. Não há dias aqui, mas eu uso a fórmula. Eu o vejo da cabeça até a cintura. Ele acaba na cintura, para mim. O busto está erguido. Mas ignoro"(...) (Beckett, S. *O inominável*, tradução de Waltensir Dutra, Rio de Janeiro, Nova Fronteira, 1989, p. 6-7).
36. Klein, M. *Contribuições à psicanálise*, op. cit., p. 116.

uma formalização",[37] o que esperar da ação inibida – isto é, aquela ação que formalizou-se em outro tempo – que M. Klein insiste em denunciar? Como conceber o conhecimento e a potência formalizadora da ação, se ela estaria fadada a ser compreendida como uma ação sexualizada – saturada de uma história de horrores e tensão narrativa – e proibida, endereçada a um outro tempo e sujeito? Mesmo que sua forma primária fosse o prazer do órgão, como elevar essa forma primitiva de prazer ao contexto do conhecimento comum? Somente a sublimação teria forças para isso, pois é nela que residem todas as potências do brincar, que reconstroem, por sua vez, a possibilidade do conhecer enquanto prazer. Brincar e sublimar. Brincar e entristecer: ludo e luto. Sofrer e estar sustentado pelo símbolo, pela ilusão, pela narrativa fabulosa das *Mil e Uma Noites*, podendo perder-se ou entregar-se a qualquer experiência sem necessariamente mimetizar-se com ela, sem perder as próprias qualidades. Brincar seria poder estar disponível para os símbolos sem temê-los ou sem ser devorado por eles. Brincar seria poder tornar belos os objetos que são visceralmente estranhos e absolutamente desejáveis, entranhados no centro do eu como elemento excitante-apaziguante, paradoxal.

Para Melanie Klein o processo que dá à libido supérflua, "para a qual não há satisfação adequada, a possibilidade de descarga"[38] é o próprio processo de sublimação.

Ela diz:

*As situações de prazer realmente sentidas ou fantasiadas ficaram na verdade inconscientes e fixadas, mas entraram em jogo na tendência do ego e assim puderam ser descarregadas. Quando*

---

37. Granger, G. G. *Filosofia do estilo*, tradução de Scarlett Zerbetto Marton, São Paulo, Perspectiva (EDUSP), 1974, p. 339.
38. Klein, M. *Contribuições à psicanálise*, op. cit., p. 121.

*recebem essa espécie de representação, as fixações se despem de seu caráter sexual; tornam-se consoantes com o ego e, se a sublimação é bem-sucedida – isto é, se as fixações se fundem com as tendências do ego –, elas não sofrem recalcamento.*[39]

Assim, a sublimação pode apontar para uma solução – descarga para uma libido sexual supérflua –, dissolvendo através de atividades (artísticas, lúdicas, de aprendizagem) uma tensão que de outra forma produziria sintomas; pois, uma vez interpretada pelo superego como ação perversa, teria sua força criativa destruída.

Nada impediria o brincar se a simbologia pudesse se instalar sem causar uma reação de estranhamento. O mito não seria olhado como realidade secundária ou como interesse apenas delirante ou visionário;[40] pelo contrário, a agilidade figurativa do mito seria a potência criativa da mente humana ao construir signos perfeitos para a ilusão, que ludibriariam o fim, a finitude, como lógica da morte. Amarrado pela trama da língua e da imagem, o mito poderia vir a ser Filosofia e depois Matemática. Essa capacidade, no entanto, seria privilégio de poucos; Leonardo Da Vinci, para Melanie Klein, poderia servir de exemplo daqueles que elevam os pesados fatos corporais ao nível do talento.

No texto ela diz:

*No caso de Leonardo, não somente se estabeleceu uma identificação entre mamilo, pênis e cauda de*

---

39. Idem, ibidem, p. 125.
40. É necessário ler *O mito e o homem* para ver como pensa Caillois este problema: "O facto é que o comportamento do louva-a-deus encontra de tal modo um lugar na natureza, que a seu respeito a imaginação recria aquilo que a observação não fornece"... (Caillois, R. *O mito e o homem*, tradução portuguesa, Lisboa, Edições 70, 1938, p. 44.)

*pássaro, como também esta identificação se fundiu no interesse pelo movimento do objeto, no próprio pássaro e em seu vôo e no espaço em que voava.*

As atividades criativas dos talentosos e dos gênios surgiriam quando os sintomas, transformados em ações e pensamentos, fornecessem

*à tendência do ego a soma de afeto que age como estímulo e força propulsora do talento e, uma vez que a tendência do ego lhes proporciona campo livre para operarem em concordância com o ego, elas permitem que a fantasia se desdobre sem freio e assim se descarreguem por si mesmas,*[41]

tornando-se, então, atividades criativas dos talentosos e dos geniais.

Descortinando todos os horizontes possíveis, fazendo de todo corpo erógeno um grande radar que capta e interpreta signos ou objetos, as tensões simbólicas contidas na genitalidade eram expandidas a todo o universo. Tudo olhar, tudo ouvir, tudo cheirar, chupar, sentir, evacuar, urinar... em uma palavra, copular. Copular como condição do conhecer e do simbolizar.

O corpo, suas funções, suas obrigações com a espécie ganhavam vida, interesse, ciência e sensualidade. Uma função corporal – o coito – associada a uma parte do corpo – o pênis ou a vagina –, por poder ser usada em toda sua plenitude simbólica, cedia lugar a uma belíssima atividade criativa de investigação e curiosidade. É isso que faria de Leonardo Da Vinci um grande talento.

---

41. Klein, M. *Contribuições à psicanálise*, op. cit., p. 125.

É como se toda ação estivesse ligada a dois tempos: o tempo da ação mítica dos tempos edípicos e suas paixões e um outro, da ação específica capaz de servir à construção do conhecimento; porém os dois funcionando em unidade harmônica.

Melanie Klein cita o trecho de um texto de Da Vinci:

*"Piglerà il primo volo il grande ucello sopra del dosso del suo magnio cecero, empiendo l' universo di stupore, empiendo di sua fama tutte le scritture e glória eterna al loco dove nacque", codice sul volo del'uccelli.*[42]

Ela mesma traduz:

*O grande pássaro tomará seu primeiro vôo das costas do seu grande cisne (ou da colina ceceri), deixando o universo admirado, enchendo com sua fama todas as escrituras, e de glória eterna o ninho que viu nascer (...)*[43]

Este texto indica como é sutil apreender o universo com o sublime do corpo. Uma maneira de observar, um estilo, um traço firme do caráter, uma forma de investigar que conserva relação íntima com a fantasia, com o mito, com a ilusão estética que o conhecimento pode produzir.

Essa forte valorização mítica das idéias, que assimilam o mundo ao corpo, que narram como as coisas funcionam e como elas acontecem, aponta para a necessidade constante de explicação de nossa origem. Uma explicação que possa dizer como os lugares, os espaços, os objetos desse espaço e o próprio espaço assumem valor e interesse e de como o

---

42. Klein, M. *Contribuições à psicanálise*, op. cit., p. 126.
43. *Idem, ibidem*, p. 126.

símbolo ("a sexualidade") é o acompanhante primeiro do desejo de conhecer. Porém, tudo deve estar acondicionado, em embalagens que contêm esses símbolos; em última análise, o corporal deve estar em pacotes simbólicos que inventam a vida e seu ideal, sublime, de beleza. Isto é, conhecer é ter acolhido o corpo em campos livres da potência alucinatória que eles carregam antes da sublimação.

Por essa via, gostaria de observar dois aspectos: 1.º) O corpo simbólico – do prazer de órgão, da curiosidade, do *instinto epistemofílico* – que receber uma carga de repressão, principalmente no momento mais precoce do complexo de Édipo, fará um sintoma e consumirá em trabalho defensivo interno toda a energia criativa que deveria aparecer como ação civilizada, inibida, portanto. O talento estaria, quase todo, consumido no ataque histérico. 2.º) Na inibição intelectual, a simbolização, que é a condição do conhecimento, está submetida, desde o princípio, ao bom funcionamento da capacidade de sublimação. Se esta for bem-sucedida, teremos o gênio; se for atacada pela repressão, teremos, no ponto mais profundo de sua manifestação, a recusa, a inveja primária, o ódio ao conhecimento: vazio cognitivo, ausência de sentido, ausência de sinal, corpo absolutamente destruído, silêncio.

Em última análise, o corpo que não puder experimentar o prazer que deveria ser próprio à sua existência, não poderá obter prazer por brincar, conhecer ou pensar. Em outras palavras, a gratidão é a sublimação do peso da morte, que confere ao organismo a grandiosidade de sua existência.

Por essa via, o brincar, transformado por Melanie Klein em discurso da ação, punha em movimento inúmeros problemas nas teorizações psicanalíticas da época. Alterava, ou pelo menos redimensionava, as relações entre repressão e simbolismo. O ataque histérico, pensado como produto de conteúdos mentais não acessíveis à consciência, investidos no corpo, daria o padrão básico para reavaliar a função do corpo no campo do narcisismo. Os processos mentais descritos por

Freud, no esforço de construir os vários caminhos da sexualidade, ganhavam continuidade genética: prazer próprio no movimento do corpo, prazer primário nas funções do corpo, sublimação primária, auto-erotismo, formação da imagem do corpo, identidade, simbolização, sublimação secundária: "falar", "andar", "brincar".

Todas essas propostas seguiam rigorosamente as teorias sobre o simbolismo sugerido nos textos de Ernest Jones e Sándor Ferenczi. Vale a pena recordar brevemente as idéias desses autores citados por Klein.

Ferenczi pensava a identificação como o estágio preliminar do simbolismo, isto é,

> *a criança procura redescobrir seus órgãos corporais e as respectivas atividades em todo objeto que encontra.*[44]

Jones propunha:

> *O princípio de prazer nos permite comparar dois objetos, bem diferentes sob outros aspectos na base da semelhança do tono do prazer ou do interesse.*[45]

Usando esses elementos, Melanie Klein tecia sua rede teórica e dizia:

> *Esses objetos e atividades, embora não sendo fontes de prazer em si, assim se tornaram por meio desta identificação, porque um prazer sexual foi transferido para eles (...)*[46]

---

44. Klein, M. *Contribuições à psicanálise, op. cit.*, p. 122.
45. *Idem, ibidem,* p. 122.
46. *Idem, ibidem,* p. 122 (grifos meus).

Pode-se dizer: "Um prazer sexual se esconde em lugares – 'objetos e atividades' – onde nem a própria repressão pode encontrar; assim a ação em si mesma se presta a uma ação talentosa, uma vez que se torna um representante distante dos objetos e atividades investidas com libido, permitindo então a sublimação e, conseqüentemente, as ações criativas e de descoberta".

Identificação e símbolo. Já é evidente a presença do conceito futuro – equação simbólica – forjado pela escola kleiniana. Identificação e símbolo, igualdade entre fenômenos diferentes: a experiência afetiva do prazer ligava, identificando, sujeito a objeto. Esse conhecimento afetivo primário era a base do simbolismo pensado nessa perspectiva psicanalítica. O corpo, em sua relação com os objetos, fazia-os idênticos a um sinal de descarga, de alívio de tensão, de abrandamento da pulsão, de prazer; enfim, induzia a uma identidade entre os objetos – ao serem conhecidos – e o funcionamento do aparelho psíquico.

Como esclarece muito bem Petot (1981)[47] em seu estudo exaustivo sobre Klein, a sublimação é a transferência do investimento na fantasia da cena primitiva para uma atividade do ego:

> (...) quanto mais o sujeito conseguiu transferir sua libido para objetos, situações e atividades distantes da cena primitiva *e das práticas masturbatórias, mais estas fontes de prazer têm possibilidade de escapar à repressão, menor é a quantidade de libido que permanece vinculada aos desejos interditados*, menor é, portanto, a quantidade de libido atingida pela repressão, e, conseqüentemente, menor é a ansiedade.

---

47. Petot, J. M. *Melanie Klein I, op. cit.*, p. 56 (grifos meus).

O corpo é, nessa concepção, a primeira realidade investida. O auto-erotismo, ou seja, a sexualidade roubada do primeiro encontro com o objeto, permite a conexão entre um prazer próprio do corpo e um prazer próprio do encontro com o objeto. Esta será a base para que a brincadeira possa no futuro vir a se instalar como algo que ultrapasse o fato objetal e corporal. Se não houvesse essa base mínima para o prazer, a sublimação falharia, perturbando a experiência do brincar, interrompendo o processo de simbolização, de percepção e de pensamento. E, o que nos parece mais importante, a ausência desse prazer reduziria o corpo a absolutamente nada.

Outro trecho de Petot (1981) explicita esse raciocínio:

*A noção de uma construção de imagem corporal dentro do quadro de processos de investimentos libidinais tem sua origem longínqua na descrição de Freud sobre a gênese do sintoma histérico. Sabemos que Freud considerava as zonas erógenas de Charcot como produto de um deslocamento das zonas histerógenas. Ferenczi retomou esta idéia e estendeu-a muito além da psicopatologia da histeria, até convertê-la no princípio explicativo da gênese dos símbolos descritos por Freud.*[48]

Melanie Klein toma a histeria como paradigma de uma forma de conhecimento que não consegue passar ao mundo do sublime:

*De acordo com Freud, o ataque histérico é simplesmente uma representação pantomímica de fantasias, traduzida em termos de movimento e*

---
48. Petot, J. M. *Melanie Klein I, op. cit.*, p. 60.

*que incidem sobre a motilidade. Asserção análoga pode ser feita àquelas fantasias e fixações que, como no caso dos artistas, são representadas por inervações físicas motoras, seja em relação com o próprio corpo do sujeito, seja por algum outro meio. Essa asserção concorda com o que Ferenczi e Freud escreveram sobre as analogias e as relações entre a arte e a histeria, de um lado, e o ataque histérico e o coito, de outro lado.*[49]

Creio que assim eu poderia demonstrar como, em Klein, o conhecimento e a arte seguem *pari passu* com a sexualidade. Curiosamente, porém, para ela, sexualizar parece ser equivalente ao conhecer simbólico. Sexualizar indica o interesse primário que alguém pode desenvolver por si mesmo e pelo objeto, assim pensa Klein. Se, no entanto, a repressão atuar sobre essa sexualidade,[50] isso destruirá a possibilidade desse prazer poder ser vivido sem perversidade, redundando em uma rigidez na esfera do brincar.

Para Klein, sexualizar significa que as atividades e as funções do ego de autoconservação estão imersas em um campo cognitivo. No entanto, conhecer só será possível se o indivíduo puder suportar a mediação simbólica da sexualidade. Note-se que, em Klein, a sexualidade nunca terá o papel perturbador que Freud lhe empresta em seus textos. Para ela são os impulsos pré-genitais associados à força da pulsão de morte que terão esse papel de objetos excitantes que progridem do inconsciente, exigindo sua alucinação. Em Klein iremos sempre ver que o sexual e o genital invariavelmente

---

49. Klein, M. *Contribuições à psicanálise*, op. cit., p. 126-127.
50. Note-se que, para Melanie Klein, a repressão hipersexualiza a sexualidade, dotando-a de um peso mortífero que transforma a ação sublime em ação sem sentido ou com sentido exagerado, insuportável para o eu do sujeito.

estarão próximos da sublimação e da reparação;[51] este último, mecanismo próprio da posição depressiva. Porém a sublimação joga, de fato, papel fundamental para sustentar o conhecimento como sexualidade. Sem ela o conhecimento tende a se manifestar como sintoma, que, por sua vez, sexualiza a experiência, reduzindo-a a uma vivência puramente sensorial, desligada de seu contato com o símbolo. Sem o poder embelezador da sublimação, o corpo perde contato com a história e com a força formalizante que já contém.

Tudo poderia ser conhecido se pudesse pertencer ao sublimado; porém nada poderia sê-lo, sem antes ter sido sexualizado. Dois tempos do conhecer: sexualizar e sublimar.

Obrigado a estar sexualizado, simbolizado e sublimado, o conhecimento e a ação do corpo terão acesso ao gesto criativo e talentoso (belo, por excelência). Note-se, por outro lado, que a repressão pode pôr tudo a perder: a beleza do objeto, do gesto, do pensamento ficam excluídas da experiência; tudo torna-se realidade não mediatizada, fusão do real com a pulsão, sem passar por nenhum meio. Destruindo a leveza que a sublimação oferece ao simbólico, a repressão destrói o vínculo entre o sexual e o sublime, dando ao pensamento, ao conhecimento e às atividades lúdicas um peso insustentável. Aqui teremos sintoma, desejo de não conhecer, inveja primária, paralisação da vida – é evidente a filiação kleiniana à noção freudiana de pulsão de morte.

Ter-se-ia, então, uma história ao avesso do mito bíblico: o homem obrigado a simbolizar para conhecer. Para ser homem o sujeito deve comer do fruto da árvore do conhecimento, mesmo que não queira.

Creio que neste ponto tem-se, em germe, a teoria das po-

---

51. Klein, M. *et alli – Os progressos da psicanálise*, op. cit., capítulo VI: Algumas Conclusões Teóricas sobre a Vida Emocional do Bebê, p. 242.

sições esquizoparanóide e depressiva, que serão desenvolvidas na segunda parte da teoria kleiniana. A posição esquizoparanóide seria o período marcado pela total evitação da existência corpórea: recusa da sexualidade, real absoluto, ausência de sublimação e simbolismo, sexual feito mortal, autismo e não auto-erotismo. A posição depressiva seria, por outro lado, esse momento quase obrigatório no qual alguém tem que estar disponível para repetir o nascimento mítico do homem. Isto é, alguém em sua desilusão tem que dar carnes ao pequeno Édipo ou ao Adão – sujeito voraz, comedor do conhecimento, que necessita entristecer para poder ser, que necessita considerar a morte e o corpo como o inevitável capaz de vir a ser belo.

Aceitar a necessidade de mamar, aceitar a força da ação de sugar, aceitar a excitação que vem do ato de chupar, acrescida da excitação de estar em contato psíquico com a mãe, aceitar essa mãe sensualmente apetitosa... Eis aí toda a tarefa humana – tarefa de uma vida inteira – para poder tornar-se um ser tristemente desejante. Eis aí toda a loucura, desafio e risco.

Uma certa desilusão, uma certa tristeza são as condições do prazer. A visão de um abismo, a beleza e o fascínio mortífero que ele exerce só poderão receber narrativas e imagens se estiverem envoltos pela tristeza; caso contrário, será pura ação de ver, tornando assim o corpo inviável. Não é excessivo lembrar, também, que é na desilusão que a certeza da morte se apresenta como força simbólica geradora do sono, do sonho e dos devaneios: deixar-se levar é a única verdade do símbolo. Viver não é resistir, é seguir sempre para a morte; porém sem jamais adiantá-la.

Melanie Klein, afirma que o ataque histérico utiliza uma condensação peculiar de *phantasias* reprimidas. Em contraponto, também afirma que o interesse na arte, no estudo e no conhecimento utiliza uma condensação peculiar de *phantasias* sublimadas.[52]

---

52. Klein, M. *Contribuições à psicanálise*, op. cit., p. 127.

Ainda tentando levar meu pensamento a outras conseqüências, talvez eu possa pensar que a falência do brincar possa nos tornar filhos do esquecimento, insistindo sempre nesse ponto onde o mito e o real se interceptam, constituindo uma armadilha para aprisionar o tempo e nos dar um tempo de vida. Esse encontro pode aparecer como o encontro de bocas que se sopram e interpenetram-se, mantendo porém sua identidade; o mito sempre aponta para o esquecimento, e o real para o que deve ser construído: cruzamento (e eixo) de duas águas, que necessitam produzir ou o sublime ou o sintoma.

Talvez eu pudesse acrescentar ainda a especulação de que pensar na tristeza, na história, no interesse, no mito e no real é ter que pensar nos homens como envoltos no campo da *aletheia* que, em grego, aponta para a verdade e para a ausência de esquecimento. O saber do sagrado e o conhecimento do pesquisador tocam de perto o problema da memória como sublime sintoma.

Tomar o genital como elemento de passagem para o simbólico é recolocar em curso a verdade – a ausência de esquecimento – do corpo, e este é um fundamento do pensamento kleiniano. Desde o início de sua obra, Klein observará um respeito inflexível pelo corpo. Seu desenho, suas funções, sua finalidade sexual indicarão objetivos precisos. Um telos – um fim – está em questão e a corporeidade não abre mão de nenhuma dessas formas físicas que definem os contornos do real; o corpo, em Klein, é símbolo. É um desígnio do sujeito que está marcado pelo organismo como reminiscência. Qualquer gesto que a isto contradiga será recebido pelo sistema psíquico como um erro. Em Klein, o menino é menino, desde o início; a menina também. Masculino e feminino são realidades corpóreas. A pulsão pode ser bissexual e errante; o corpo não erra. No corpo não há dúvida, ele é da ordem do necessário; na pulsão – vazio absoluto ávido por realizar-se vazio – só há dúvida, divagação. No corpo há morte e certeza absoluta; na pulsão, desejo impossível, devaneio, atemporalidade, inexistência.

Assim, é para reapresentar o corpo e sua relação com o mito que o pênis ou a vagina, esses objetos estéticos, de formas simples porém saturadas de história e mito, podem ser pensados pela tristeza, como um ideograma-homem que impõe uma relação obrigatória com o universo. Intrusivo ou receptivo, esse ideograma pode marcar definitivamente uma forma de gozo e esquecimento por um lado e, por outro, uma forma de reflexão e conhecimento. Sobre eles incidirá a repressão, fazendo-os perigosos e proibidos. O esquecimento de nossa origem e de nossa forma física interromperá a espontânea ligação existente entre corpo, origem e eternidade. Nesse ato de esquecimento, o aspecto deletério da morte se apoiará na destruição dos mitos, e os aspectos sublimes do corpo deverão ser resgatados a todo instante pelo lúdico e pelo simbólico que a tristeza pode manter sem destruir.

## Capítulo 4

# A causa e a culpa

*Nós não lhe fizemos nada, ele disse.*
*Não fizeram? Só rindo. (...)*
*Ajoelha, eu disse.*
*Ele ajoelhou.*
*(...)*
*Curva a cabeça, mandei.*

*Ele curvou. Levantei alto o facão, seguro nas duas mãos, vi as estrelas no céu, a noite imensa, o firmamento infinito e desci o facão, estrela de aço, com toda a minha força, bem no meio do pescoço dele.*[1]

*Nenhum homem escolhe o mal pelo mal; ele apenas o confunde com a felicidade, com o bem que busca.*[2]

---

1. Fonseca, R. *O cobrador*, Círculo do Livro, 1979.
2. Wollstone-Craft, Mary; in Smith Scoth. Texto citado no livro *Plano simples*, Companhia das Letras, 1993.

## O ódio ao corpo

Começo por uma citação de George Bataille que se encontra em seu livro (clandestino[3]) *História do olho*, onde ele afirma a dramaticidade desse limite em que o corpo (ou pelo menos o erotismo que nele se sustenta) é puro estranhamento, é puro cinismo, é puro disfarce, pura demagogia. Ou seja, o olho, em uma palavra, não suporta ver o que deve ser visto:

> *O domínio do erotismo está condenado, sem escapatória, ao fingimento. O objeto a(?)[4] que provoca o movimento de Eros simula ser algo que não é.*[5]

Por Bataille voltamos a Klein pela via do problema da *phantasia* e pela via do problema da visão como experiência insuportável. Esse intrincado tema é o mesmo que o representado pelo problema do fingimento sem escapatória do qual o teatro vive – e que deve ser suportado com maestria pelo ator. Fingimento, é disso que trata o texto kleiniano quando aborda o psiquismo como um lugar em que *phantasias* têm que dar conta de criar as imagens necessárias

---

3. "As duas primeiras edições clandestinas de Madame Edwarda foram assinadas sob o pseudônimo de Pierre Angélique. Foi sob o mesmo pseudônimo que Bataille confiou a obra, em 1956, a Jean-Jacques Pauvert Êditeur, pois temia, como conservador da Biblioteca de Orléans, acusações de ultraje ao pudor." (Bataille, G. *História do olho*, tradução de Glória Correia Ramos, Escrita, S.P., 1981, 2ª contracapa.)
4. Esta interrogação refere-se ao meu espanto pela tradução que, com a introdução da letra "a", coloca um problema de compreensão do texto. O texto conforme eu o entendo não comporta essa partícula que envia a questão própria do objeto a outro ponto da relação.
5. Bataille, G. *História do olho*, op. cit., p. 13.

para o mundo da representação e tentar criar com ele o fundamento do sujeito, do ser e da imaginação. O kleinismo, tomando essa problemática de o fingir estar vivo diante do signo da morte (nada mais narcisista e vulgar que isso!), investiga as máscaras dessa morte que estão na base do fingimento do viver humano, vida e teatro fundem-se de modo perigoso, traiçoeiro. Creio que Klein teria – no bojo de seus estudos – uma convicção teórica de que seria de um mundo que primeiro constrói as máscaras do horrível do ódio, e estrutura com esse afeto uma imagem de violência que movimenta o erótico e a representação, viabilizando com isso o eu do sujeito (na verdade o supereu, um senhor interno violento e bruto) como um campo em que prevalece a perversão da natureza, ou melhor, o fingimento, a falsificação da natureza. Assim essa teoria propõe ser o objeto o modelo identificatório primário, isto é uma teoria que propõe que o objeto é o fingimento fundante do ser, pois é na construção da identidade que o roubo da vida do outro acontece, ficando capturado pelas armadilhas do ódio narcísico. Quer dizer, o ódio é o afeto que denota um profundo investimento de amor que se expressa como captura completa e violenta da identidade do outro. Pois o eu captura aquilo que é alteridade e transforma a si mesmo na definição exata do investimento de libido no objeto, isto é, o fingimento acaba por permitir a expressão do eu que cada um de nós é. O ódio dirigido contra si ou contra outrem marca o monumento de horror que o sujeito humano tem que erguer contra qualquer forma que o apresente, de qualquer forma que possa representá-lo como existente, tendo sempre que se pensar como fingimento puro.

Vertigem imposta pela morte, eros é fingimento, ilusão, simulacro, no entanto é, ao mesmo tempo, afirmação da vida quando a verdade da morte pode sustentar-se enquanto única e triste realidade. Eros interrompe o trabalho da morte e a mascara, fixa-a, liga-a, obrigando o ser à existência e simultaneamente obrigando o surgimento do sujeito vivo como fingimento puro a ser visto pelo olho oblíquo do desgosto do ser excessivo:

> (...) *É o amor puro que, obliquamente, nos permite conhecer o mais violento dos delírios, aquele que leva até o limite da morte, o excesso cego da vida.*[6]

É assim que continua o texto de Bataille, "o excesso cego da vida". Este é o tom mais profundamente pontual do psiquismo humano tanto para Klein quanto para George Bataille (escritor, filósofo, diretor de biblioteca), o ser só se revela no excesso, no limite, na experiência de sedução pelo exagero, pelo extravagante:

> *O ser nos é dado num transbordamento intolerável ao ser, não menos intolerável do que a morte.*[7]

No entanto, em Klein existe um ser que é o verdadeiro ser, e este é o que só se revela no excesso, no excesso de culpa que o homem vive ao tentar contemplar a verdade que há no corpo e sua própria lógica. Em Klein, para haver ser é obrigatório que o corpo seja bem-vindo enquanto história e enquanto esquema de ação, mas também enquanto tristeza e culpa de algo que nunca foi feito, mas do qual sempre seremos responsáveis. Isso quer dizer que o homem que ignora ou ri de seus órgãos reprodutores, de seus músculos, de suas funções mostra com que horror ele experimenta aquilo que lhe dá uma realidade formal e objetiva.[8]

---

6. Bataille, G. *História do olho, op. cit.*, p. 13.
7. *Idem, ibidem*, p. 12.
8. Bataille ainda aponta para o escárnio e para a repugnância que o homem vive diante de si quando ri: "O riso é a atitude de compromisso que o homem adota diante de algo que o repugna, quando esse algo não lhe parece grave". (*Idem, ibidem*, p. 9).

Os temas míticos da morte e da sexualidade aos olhos dos núcleos étnicos humanos são os fundamentos de questões que vêm do corpo, e são sentidas como falsas pelo espírito narcisista e onde o próprio mito (mentira primeva) é a evidência do esforço que o homem faz para explicar aquilo que ele não é capaz de conceber como uma simples marca carnal de seu ser.

Seus genitais são sua fonte geradora de vida, seu desaparecimento, sua finitude, a verdade de sua morte. Temas complexos para o psiquismo. Assim Bataille diz:

> (...) *Os tabus mais comuns incidem quer sobre a vida sexual, quer sobre a morte, de tal sorte que uma e outra formam um domínio sagrado, de cunho religioso. O problema começa no momento em que só os tabus referentes às circunstâncias do desaparecimento do ser adquiriram uma dimensão de seriedade, enquanto aqueles que se relacionam com seu aparecimento – toda a atividade genética – foram considerados futilmente.*[9]

Desde muito cedo, as diversas civilizações tentaram tratar de uma mesma e monótona questão: sexualidade e morte, geração e declínio, nascimento e finitude. Sempre tentaram buscar o que representar ou o que representasse sua experiência de desespero diante do inexplicável da vida. Até hoje o homem estranha, rejeita e reclama de sua corporeidade, sacraliza-a para, lamentavelmente, rejeitá-la depois, não encontrando assim o ponto de estabilidade entre esses dois aspectos e as formas que lhes conferem realidade. A repugnância, o horror – representações afetivas primárias, estéticas em sua natureza – já são manifestações ordenadas de experiências muito primitivas de ódio contra a própria imagem e

---

9. Bataille, G. *História do olho, op. cit.*, p. 9.

a imagem do outro. Um sadismo primário "anormalmente desenvolvido" – como quer Klein em 1928[10] – faz com que o bebê rejeite tudo que lhe é oferecido para apaziguá-lo, inclusive o alimento. Os *bad-feeders*, como ela os chama, são o testemunho vivo do sadismo anormalmente desenvolvido, não desejam comer, não aceitam nem o alimento como uma possibilidade, como uma necessidade. Até este é mal-vindo, mesmo que seja necessário, até este é sentido como ofensivo ao ser, posto que – em seu mortal erotismo – o único desejo do ser é não ser, por não suportar a forma física que ele já é.

Diante do mundo e da vida, entre todos os objetos possíveis, entre todas as propostas viáveis oferecidas pelo ambiente como solução ao enigma da vida, nenhuma é aceita. Nem mesmo a fome pode constituir-se como alvo necessário, como imperativo categórico fundante do viver; pelo contrário, a fome é concebida e imaginada, *phantasiada* como excesso de sadismo do objeto contra o sujeito – um excesso de tensão no aparelho – que irrompe antes que o bebê compreenda que o seio não pergunta, impõe. Impõe o máximo de fingimento e assim de significação para uma ação que mal começou a existir e que já está por se extinguir ou por se tornar um erro insuportavelmente árido de carregar.

O mito, a simulação, a ilusão, o objeto e mesmo o leite são elementos extremamente complexos para serem facilmente acolhidos por um psiquismo que objetiva o fim mortal. São também excessos que afirmam o ser em demasia. Fixamno em sua forma elementar e com isso exercem um domínio desesperador, quase definitivo, quase enclausurante. Conceber o objeto como necessário, dar-se conta da importância lógica do outro como condição de vida e como condição da

---

10. Klein, M. *Psicanálise da criança, op. cit.*, p. 174. "Sua incapacidade de obter gratificação mamando é, penso eu, conseqüência de uma *frustração interna* e deriva-se, segundo minha experiência, de um *sadismo oral anormalmente desenvolvido*" (grifos meus).

existência, sidera o sujeito, fixando-o em uma identidade irrefutável, primária, estática, imersa no mito edípico, mas completamente asfixiante.

As questões ligadas à causa e à culpa, estão também ligadas ao ódio como o primeiro afeto que organiza a experiência lógica do estar vivo e da lei própria do objeto: o objeto é aquilo que afirma ao ser o que ele é.[11] O objeto necessário – o seio, por exemplo – é, antes de mais nada, aquilo que o eu odeia, ou, dito mais precisamente, o seio é aquilo que o eu necessita e, por necessitar, conseqüentemente, odeia: essa experiência ainda está fora do campo do próprio eu, mas não está fora do campo das idéias que lidam com o mundo como um mundo de causas, de conseqüências, de crime e de castigo, de olho por olho, dente por dente, de pena de talião. A primeira causa – o objeto – é aquilo que o eu odeia por necessitar. Erotizá-lo quer dizer significá-lo, e significá-lo é, em Klein, odiá-lo, fingi-lo como brutal e violento, por ser aquilo de onde provém a vida.

Nesse sentido falar do ódio é falar do afeto vivido no encontro com o objeto, é falar da presença do objeto, é falar da excessiva presença do outro, é falar do outro como a causa de tudo, a afirmação de tudo, a razão de tudo. Então a causa é aquilo que daria um sentido minimamente aceitável ao encontro vivido, antes de poder ser a razão para um fenômeno acontecido, propondo o objeto como aprisionamento asfixiante que evita a rejeição planejada pelo supereu contra o eu. A causa torna-se – num mundo primitivo e infantil – justamente a abertura paradoxal do eu para o mundo da dor. É o seio que me causa a dor, é o seio que me causa ou que me obriga o desejo; é o seio, enfim, o objeto-causa da minha experiência excessiva de ser. É ele que me excita para ser ele

---

11. É o objeto, diríamos, que imagina a existência do sujeito.

mesmo que me acalma, sendo assim o responsável por tudo que me acontece, ferindo-me do modo como sadicamente gosta e prefere.

A manifestação paradoxal do objeto, que conduz ao repúdio de qualquer afirmação carnal do ser, levou Melanie Klein a teorizar defesas cada vez mais primitivas, capazes de destruir todo o campo propriamente cognitivo do sujeito (sujeito que não suporta ver a significação do mundo) onde se produz a significação e o sentido. Nos textos sobre a inveja,[12] ela mostra que, quando falha a tentativa de fazer do outro aquilo que dá suporte a explicação do mal, a defesa brutal que se ergue como última e extrema tentativa de evitar o acontecimento da vida é a destruição do juízo de existência e do juízo de atribuição[13] – isto é, o mundo psíquico dos valores básicos que dão notícia da existência individual de cada um se torna pulverizado. Assim, creio poder dizer que a inveja primária é a forma kleiniana de pensar as questões levantadas pelo famoso texto freudiano *A negativa*.[14] Destruir as condições lógicas do psiquismo, conhecer o real e o existente é odiar – de uma forma tão radical e fria – o mundo que se apresenta (e o ser com ele) que, para que possa não haver a lógica da casualidade estabelecida pelo corpo, se destrói a lógica da existência proposta pela vida. Num golpe só, sujeito, objeto e a razão das coisas são banidos da esfera propriamente humana, não é suportável ser nem aceitar a existência como uma existência mediada e sempre referida ao outro como responsabilidade pessoal do indivíduo.

---

12. Klein, M. *Inveja e gratidão – e outros trabalhos*, tradução de Belinda H. Mandelbaum e outros, R. J., Imago, 1991.
13. Scarpati, Marta. *Lecturas de Freud en la Escuela Inglesa de Psicoanálisis*, cap. VII, publicación de la Cátedra I de Psicoanálisis – Escuela Inglesa – de la Fac. de Psicologia de la U.B.A. (prof. titular Beatriz Grego).
14. Freud, S. *A negativa*, 1925, Edição Standard Brasileira das Obras Psicológicas Completas, Rio de Janeiro, Imago, 1976.

É aqui que o corpo perde sua potência significativa, isto é, perde sua potência de produzir sinal e dar sentido ao nada que o objeto é. É aqui também que a palavra deixa de poder dizer, pois sem corpo não há o que fazer com a letra. A ausência dos sinais do corpo – isto é, o ódio primário ao surgimento significativo do eu e da vida – aponta para a ausência de cultura, para a ausência de símbolo e para a ausência do lógico e do lúdico. O signo lingüístico pode estar aí, ávido para metaforizar o sensorial puro; porém metaforizar o que, quando já não há o corpo para fixar um ponto de referência? Dito de outro modo, quando a inveja se apresenta, com ela se introduz o nada como questão imponderável, e isso dá conta de destruir qualquer outra possibilidade. Assim, tanto o corpo quanto o objeto perdem sua força representativa, para tornarem-se pura manifestação de tédio. Assim, será uma espécie de sorte pessoal conseguir manter viva a potência formalizadora do corporal e do objeto estético sobre o fingimento compulsivo que o signo lingüístico deixa entrever, e isso só não acontece quando ambos (corpo e objeto) não podem ser sustentados fora do campo da inveja. Ou seja, quando corpo e objeto puderem estar tranqüilamente imersos em um complexo estado de depressão ou de gratidão pela forma que já é dada. Pela forma que pode ser aceita como limite da própria beleza e da própria finitude que temos diante da beleza de Deus e assim talvez dessa maneira se possa passar a ser poema vivo.

É necessário, sem dúvida, retomar a questão do corpo e dizer do nosso acordo em conceber que ele é feito de algo que é próximo dessa questão que levanta Lacan em relação com a linguagem (como ele, Klein também, nesse particular, segue a Freud). É claro, no pensamento kleiniano, que o corpo está sempre impregnado do falar do outro humano dentro de sua língua; é esta a verdade do inconsciente do sujeito que se faz súdito da língua, grande ouvido que só ouve a grande boca. Ouvido que ouve a voz da consciência que o odeia. Mas também é necessário dizer que o corpo porta uma verdade última e irredutível à língua "materna-paterna", pois essa língua não só fala, mais que isso, lambe e depois devora. Essa verdade não comporta nenhum deslize: o corpo – feminino ou masculino – não permite outra forma de dizê-lo, ele é fato consumado, é a primeira forma psíquica do psíquico. Radicalizo a afirmação e digo que, para Klein, o corpo já é uma figura de linguagem, da qual, porém, não se escapa e que não se metaforiza. Imperativo categórico da ordem do necessário, é assim o corpo. Por outro lado, como todo objeto, ele é real que não comporta senão sua inacessível resistência; é simultaneamente enigma e forma primária de conhecimento, é aparição, é apresentação, é surgimento e é, paradoxalmente, finitude, razão de tudo o que parece existir.

Bem, se a ação é um parcial que nunca captura por inteiro a unicidade do objeto, por sua vez o objeto, em sua singularidade, não o é. Ele é total, inteiro, uno. Oferece apenas uma possibilidade: ele próprio – inviolável, secreto, obscuro e lógico.

Por outro lado, o objeto, que também já é enigma em sua própria primitividade, contém, em oposição a esse seu silêncio e reserva, um outro lado que carrega uma história e uma potência de esclarecimento ou pelo menos uma esperança de poder alcançar esse esclarecimento. História e esclarecimento implicam dirigir um olhar para o corpo com depressão e isso ajuda que assim ele possa também transformar-se em objeto de questão, de encantamento, de gênese, de satisfação organizada como uma ação cognitiva e de desejo, apresentando a si mesmo como mais um possível e, mais do que tudo, como um ponto de referência, passível de tornar-se realidade observável e tangível pelo nosso intelecto. No entanto se ao objeto cabe esse ponto obscuro, esse lusco-fusco, esse crepúsculo que pode dar ao sujeito a impressão de que ele pode ser bissexual, como pode ser o sujeito da pulsão, ao corpo, com certeza, isso não é questão, pois ele porta uma história clara. Assim, se o objeto exige que sua forma seja respeitada e acolhida, só pode exigi-lo se também puder ser trabalho de construção, conhecimento, aceitação e gratidão do corpo singular de cada um. Mesmo sendo ele que insiste em apresentar infinitamente o devir ou a finitude do momento por se impor completamente, é também ele que, sem estar autorizado, marca e aponta para a forma definitiva da morte, e com ela põe em evidência o paradoxo do apego compulsivo à vida e da transitoriedade humanos.

Porém, note-se que, simultaneamente, sendo o corpo objeto e sujeito, ele constitui-se como o paradoxo da subjetividade. É ao mesmo tempo – por sua presença – o centro ativo do conhecimento, e – por sua vaguidade – a mais absoluta ausência de certeza e completo esquecimento. É lógica que é tirada e absorvida pelos esquema de ação e coordenação do próprio sujeito na apreensão do objeto; é esquecimento por ser, diante do objeto, um estranho, ignorado e, ao mesmo tempo, um ativo ignorar que depende que a cognição seja continuamente construída para que dela possa novamente vir a lembrança de que sempre houve existência.

Estou apontando para duas objetividades diferentes ou para dois objetos distintos um do outro. Um, o objeto propriamente dito, aquele ao qual se está condenado, ao que se está assujeitado, aquele que é da ordem do necessário, sem o qual o sujeito terminaria em si mesmo. O outro, o do narcisismo, aquele que é o próprio eu, aquele que não sabe quem é e vive só para si. Estranho a si mesmo, esse eu desconhece o corpo – que é sua objetivação primeva – e demora para suportar sua lógica, sempre encastelado em seu narcisismo, em sua caverna que também é sua cova.

Como se fossem mergulhados numa espécie de mundo amnésico, os corpos que nascem dando forma humana ao sujeito têm de antemão uma condição inata de construção lógica da realidade e de apreensão estética do real. Porém, observamos que se o corpo conhece e sabe sobre o seio, o eu fascina-se e estranha esse mesmo seio – ou seja, o outro em sua pureza – e com isso ao mesmo tempo deseja-o, rejeita-o, porém nunca sabe quem é.

## O pequeno porta-memórias

Em um livro que trata da sexualidade e do amor no mundo antigo, Aline Roussele (1984) diz:

> *Para a mulher, como para o homem, todo encontro com o corpo de outro – feliz ou não – tornou-se sinal de finitude e de perda; toda manifestação de desejo pelo corpo do outro, chamada de* pornéia, *tornou-se medida da impotência humana no desejo de Deus.*[15]

Essa impotência humana diante do outro e de seu corpo encontra-se espalhada em toda a literatura e não só se liga ao desejo pelo outro, mas também ao desejo pela morte do próprio corpo. O corpo parece fazer uma proposta que é insustentável para o sujeito, à medida que ele leva o sujeito à consciência de que existe uma relação compulsiva com o corpo do outro para quem suporta ter como referência interna o próprio corpo.

Em um trecho do livro de Monteiro Lobato, *O saci*,[16] encontra-se essa problemática que reativa um novo aparecimento do antigo modo de ver e conceber a presença do corpo. Uma visão que coloca claramente a decepção do homem diante de sua transitoriedade física:

---

15. Roussele, A. *Pornéia – sexualidade e amor no mundo antigo*, tradução de Carlos Nelson Coutinho, S.P., Brasiliense, 1984, p. 13.
16. Lobato, M. *Obra infanto-juvenil de Monteiro Lobato*. Edição do Círculo do Livro, São Paulo, 1988.

> *Essa idéia entristeceu Pedrinho, porque a idéia que não entristece ninguém é bem outra: é a idéia de não morrer, nunca, nunca (...)*[17]

Diante da consciência do corpo que morre, a imortalidade torna-se um ideal de vida. Inatingível, no entanto, aquilo que é imortal na mente (superego, portanto) faz do corpo uma forma de menor importância e assim o desvaloriza, pois, uma vez que ele não é a perfeição da idéia, não tem porque estar vivo:

> *Conversou a respeito com o Saci.*
> *– Ora, ora! – disse este. – O que morre é o corpo só, a parte que em nós tem menos importância. A grande coisa que há em nós, e nos diferencia das pedras e dos paus podres, que é? A vida. E essa não morre nunca (...)*[18]

Pois, aí está! Mesmo o Saci, legendária figura esperta e sagaz da mitologia brasileira (aquele que não precisa saber das coisas, pois sempre as adivinha), comete, a meu ver, o mesmo equívoco epistemológico que tenho marcado ao longo deste trabalho. Mesmo o Saci afirma que o corpo é "a parte que em nós tem menos importância", porque é perecível. É esse equívoco que faz pensadores pensarem em uma teoria que necessita formular uma hipótese (com aparência científica! Isto é, com essa maquiagem que faz parecer que o pensamento é neutro!) que toma o psiquismo humano como algo vazio, que se constrói a partir do exterior vindo sem nenhuma referência interna que já possa dar suporte à inscrição simbólica que teoricamente só viria de fora; é esse modelo que leva a pensar em uma sexualidade vinda do

---

17. *Idem, ibidem,* p. 194.
18. *Idem, ibidem,* pp. 194-5.

exterior no olhar dos pais (narcisismo primário, como está em Freud) e que faz pensar em um corpo que só pode se constituir pelo encontro com o outro lingüístico ou com o discurso de um outro. Insisto, Melanie Klein não acha que tudo seja assim, nela o corpo já porta um sentido e não está à mercê do que o outro humano irá dizer sobre isso.

Por mais seguidora de Freud que ela pudesse ser – e, evidentemente, precursora de Lacan, é bom que se diga para que fiquemos alertas contra esse lacanismo escroto do qual somos herdeiros) –, para ela (e nisso não há nenhum biologismo como os detratores infelizmente gostam de insistir e enfatizar), o corporal não é vazio de forma, pelo contrário, é fundamento da história, da vida e civilização humana e cerne do procedimento do psíquico. Não é preciso para Klein o olhar dos pais sobre o ser do bebê para que o narcisismo tenha seu ponto de apoio. É o próprio corpo, a base do narcisismo, é ele o suporte físico de um organismo psíquico, uma projeção imaginária desse organismo – toma isto de Freud. Não há nenhum "novo ato psíquico" que possa fazer nascer o eu. O corpo já é um ato psíquico suficiente. O corpo já é o eu primitivo, já é o porta-memórias, o porta-lógicas, o significador, o capturador e criador das formas, das noções, da razão. É esse corpo que faz as formas (essas, que desde os primórdios da vida dão a ele as imagens de que necessita para poder compreender que está vivo) subjetivas do encontro sujeito-objeto. É o corpo a verdade atual das ações. Eixo que coloca no presente a raiz do atual e que simultaneamente ao fincar-se nesse chão imaginário remete o que é do homem a um passado pleno de significado e realidade vivida. Este é o eu primitivo em Klein: eu-corpo-forma-primária-de-tudo, sempre simbólico, sempre mítico. Este é o eu kleiniano.

Porém, esse órgão vivo da memória primeva – "corpo-relíquia", "corpo-ancestralidade", verdadeira caixa de Pandora –, em Klein, em primeiro lugar está exposto ao real do objeto em seu típico silêncio e reserva, e dele deve extrair a realidade psíquica apenas se puder dramatizá-la em seu físico,[19] brincando com ela através de sua imaginação. Em segundo lugar, esse mesmo corpo, que já contém as formas lógicas do conhecimento, fundamentais, bastante singelas até, resolve sua instabilidade (isto é, qualquer aumento de tensão[20] interna), usando modelos muito primários, muito rígidos, sempre ligados intensamente ao que é reação espontânea do físico. Isso coloca o corpo em um outro campo bastante distinto: o campo do método, o campo da repetição metódica das defesas, o campo propriamente da lógica interna do aparelho psíquico do ser humano.

O primeiro, aquele que aborda a questão da relíquia, está teorizado de modo muito específico em Sandor Ferenczi e aborda a memória e o símbolo vinculados, necessariamente, à história tanto a da humanidade em seu caminho evolutivo quanto na dos seres vivos em geral. Ele oferece o melhor texto – kleiniano, eu diria[21] – sobre este tema. Em Thalassa, o esforço de levar o lamarckismo freudiano às últimas conseqüências, faz com que assim afirme:

> *Aquilo a que chamamos hereditariedade talvez seja apenas a transferência para a descendência*

---

19. Klein, M. *Contribuições à psicanálise, op. cit.*, capítulo III – A Análise Infantil, e capítulo IX – A Personificação nos Jogos das Crianças.
20. Isto está muito bem explicado em Freud, em toda a metapsicologia. Piera Aulagnier escreve uma obra inteira sobre essas questões e amplia-as de modo belíssimo, impecável e ímpar. Não cito essa última obra mais precisamente por não me interessar, neste momento, pelo esforço estruturalista que há na obra dessa autora.
21. Sandor Ferenczi, é bom lembrar, havia sido o primeiro analista de Melanie Klein, e a incentivou muito em sua pesquisa sobre a infância. Ela, por sua vez, seguia a rigor sua teoria dos símbolos, mudando, um pouco, a teoria sobre a introjeção e sobre o desenvolvimento da consciência. Esses textos encontram-se em: Ferenczi, S. *Obras completas, op. cit.*, v. I, II, III, IV.

*da maior parte da tarefa dolorosa de liquidar os traumas (...)*[22]

Afirmativa toda grifada por ele, coloca uma proposta radical de pensar a memória e o trauma. Escrita em três linhas, diz: o homem vem de longe, vem de um passado tão longínquo que talvez possamos pensar no corpo como o único sinal vivente de tudo o que ele dele mesmo já esqueceu. Nele há memória, há história viva e comprimida em cada fibra muscular, em cada circunvolução do cérebro, nos líquidos, nos movimentos. Tudo isso, no entanto, só tem sentido porque foi ou porque está ainda hoje totalmente marcado pela história singular de cada um, sua dor pessoal, sua questão particular, sua pergunta que jamais será respondida, seu trauma. A transmissão do trauma faz do outro um semelhante, vincula-o a uma história e a uma linhagem de homens que produziram ações de conhecimento.

Ferenczi diz:

> *Talvez seja preciso familiarizar-se com a idéia de que os traços mnêmicos de todas as catástrofes filogenéticas se acumulam no plasma germinal, assim como as experiências traumáticas não liquidadas que perturbam a vida individual estão acumuladas no órgão genital e aí se descarregam.*[23]

Estamos completamente entregues à história, somos feitos internamente dos temas físicos e mentais não resolvidos pelos nossos ancestrais. Dramas mergulhados no mais profundo de nosso ser, em nosso plasma germinal falam mais alto que qualquer atualidade.

---

22. Ferenczi, S. *Thalassa – Ensaio sobre a teoria da genitalidade, op. cit.*, p. 82.
23. *Idem, ibidem*, p. 82.

Sem me estender sobre o tema, apenas registro que esse corpo pensado como vindo através da filogênese das formas existentes na natureza é o corpo-relíquia. Pequeno porta-memórias das imagens não resolvidas pela civilização ao longo de sua evolução. Ao lado desse, o outro corpo, o segundo corpo que quero explicitar é o que desde o princípio tem – perpetrado no cerne de sua concretude – uma lógica própria, primária, rígida, que implica soluções bastante bem organizadas, mesmo que meras descargas, mesmo que paradoxais, no mais das vezes desesperadas. Esse corpo, esse obscuro objeto, tem um método que poderia ser reduzido ao funcionamento simples de um sistema digestivo, organizado para livrar-se dos excessos que o interior mental não suporta. Um princípio de defesa simples: acúmulo de tensão e descarga. Essas polaridades organizam noções internas da existência e conduzem, no limite máximo de sua desenvoltura, a procedimentos internos e psíquicos tanto cognitivos quanto afetivos. O modo básico de funcionamento é próprio aos sistemas abertos, isto é, um modo de vínculo onde os elementos estão condenados a uma relação de dependência recíproca. Essa questão acaba enfatizando a força racional (sistêmica!) do corpo em sua relação com o objeto sem privilégios a nenhum dos lados; os aspectos de matriz e de estrutura primária misturam no corporal a relação entre lugar vazio – marcado pela ordenação simbólica – e gênese, presentificando naquele físico a discussão entre eternidade e transcurso por ele colocado. O corpo e o objeto reafirmam, assim, os campos da vida física (sensorialidade mais significação), da vida social (alteridade e sujeição), produzindo, revelando o fenômeno que é o acontecimento daquilo que se chama vida definido pelo encontro entre o sujeito e o objeto, captura recíproca, que tenta dar conta do fim da exigência pulsional insuportável e que transborda do ser que tenta significar-se em suas ações, em seus gestos.

No entanto, estando esse sistema condenado a trocar, acaba nunca realizando conscientemente seu funcionamento lógico na ausência do objeto. O outro da relação é peça fundamental na construção simbólica do eu. Espelho vivo da lógica física do eu, o outro sustenta com corporeidade o olhar do sujeito que escapa. Essa tensa sujeição do olho a olho (do 'boca-olho', 'leite-olho'), que o choque físico dos olhares engendra, é o fundamento de uma lei, sem a qual não há visão: a lei vingativa da presença do outro.

Estando submerso no outro, o sujeito não é mais apenas uma relação ordenada de procedimentos; pelo contrário, compartilha com o outro o mito que os envolve: primeiro olhar de estranhamento, primeiro olhar de reconhecimento, primeira vingança, primeira evitação – lei do talião –, "olho por olho, dente por dente". Mito e lógica estão aqui vinculados, aderidos, totalmente fundidos e feitos matéria como corpo e alteridade, um submetido ao outro sem poder jamais saber qual é um e qual é outro.

Todas as ações da história humana, nesse sentido, reordenam-se a cada nascimento e, a cada nascimento, não um bebê, mas um novo homem ressurge, carregando em si toda a história da civilização, datando os inícios humanos num infinito histórico que se lança como uma ponta de rocha no abismo que sob ele se abre. Então é de lá, do fundo desse esquecimento, que o homem recorda de sua lógica e com ela seus traumas, suas dores, sua experiência de convívio e solidão. Mais uma vez Ferenczi nos diz:

> *(...) Em contrapartida, o plasma germinal, enquanto herança, representa a soma das impressões traumáticas legadas pelos nossos ancestrais e retransmitidas pelos indivíduos; seria esse, portanto, o sentido dos "engramas", cuja hipótese foi postulada pelos biólogos. Se retivermos a idéia desenvolvida por Freud de uma tendência*

> *dominante em todo ser vivo no sentido de se esforçar pela realização de um estado totalmente livre de excitações e, em última instância, da quietude inorgânica (instinto de morte), poderemos acrescentar que, ao longo dessa transmissão de uma geração a outra do material traumático de excitações penosas, cada existência individual ab-reage uma parte dessas excitações pelo fato de vivê-las. Na ausência de novas perturbações ou de catástrofes, esse material traumático esgota-se pouco a pouco, o que equivaleria à extinção da espécie em questão.*[24]

Em direção à morte, em direção à quietude inorgânica, arrastamos a história de nossa ações, nosso passado, nossa filiação e os enigmas de nossa espécie legados um ao outro na transmissão genética. Esse legado, porém, no psiquismo (esse inconsciente do conhecimento) não está perdido, pelo contrário, está ativo, mesmo que haja na superfície esquecimento para quem vive o atual. Memórias, memórias físicas, psíquicas, sem tempo, sem história aos olhos do ideal do ego, o superego, são ações e são lembranças dos erros fundamentais das ações do sujeito humano no seu passado. Sendo assim, o outro, aquele que também sustenta o trauma, é nosso acusador primevo e portanto causa de nossa dor por termos de agir no mundo. Aqui o ser revela-se dentro do olhar do outro que o odeia porque o faz agir determinando a lógica operacional da sua ação. A causa e a culpa aqui tornam-se unidas e referem-se ao vínculo obrigatório que se faz entre o sujeito que age e o objeto causa da ação, garantindo assim uma relação fixa de conseqüência no qual não há nada a pesquisar, não há nada a descobrir, nem a saber, pois o sujeito que é acusado de ter feito o mal é o mesmo que aquele que deseja viver. Então, pode-se

---

24. *Idem, ibidem*, pp. 82-83.

dizer que ter corpo implica vivê-lo como erro, erro que diz que o homem, diante de Deus, diante do olhar ressentido da divindade, revela, de joelhos, o peso de sua culpa por ser a criatura do criador.

Sendo assim, tanto o corpo-relíquia, quanto o corpo puro procedimento estão à mercê de uma história que liga as ações aos objetos (estéticos em sua natureza) fazendo o conhecimento sempre parecer excessivo em sua repetição contínua toda vez que se apresentar como um corpo no qual a lembrança e o esquecimento tentam falar do mesmo ser. Esse corpo-relíquia é história de pecado e, em seu sentido cronológico, temporal, é a gênese pura (inscrita em cada função, em cada ação, ligando o lógico ao ético), gênese que faz inesquecíveis todos os procedimentos necessários que o homem usou para abordar o mundo e quantos erros, assim fazendo, ele sempre cometeu.

Esse corpo pode sustentar em sua verdade física uma forma inesquecível, uma ausência de esquecimento, uma lembrança lúcida, clara, e esta pode apontar para um mundo de pura presença em que o corpo e o objeto podem garantir simbolicamente a existência da vida sendo um a recordação do outro. Um mundo de hiper-significação, excessivamente sensorial e exterior, no entanto, pode sobrevir e roubar desse encontro a verdadeira beleza que ele continha quando dava consistência física ao psíquico.

Devemos observar que o que me importou ao longo de todo esse trabalho foi tentar dar conta de enfatizar a presença de uma ação que, por carregar um forte peso do passado, pode petrificar-se como erro e criar no sujeito um ferimento traumático necessário. Esse trauma, agora exilado da consciência, funciona no silêncio inconsciente como gesto a ser recriminado e faz da ação atual uma repetição de algo já banido em outro tempo.

A repetição, isto é, a apresentação insistente daquilo que é irrepresentável como ação de agora, só pode ser significado na história pessoal de cada um e numa história muito particular, a que é narrada pelo mito individual, pela gênese pessoal, e marcada pela corporeidade singular como uma paradoxal sobreposição de tempos que se opõem e que se interpenetram.

Porém o corpo – que pode ser um órgão fenomenal da memória primeva –, em Klein, está exposto ao exterior e é ávido pela devoração compulsiva do real (ação do instinto epistemofílico). Sempre inatingível e inexplicável, como se esse real devesse ser recolhido pela boca do corpo e, assim, ao ser por ela remetido ao mito, pudesse tornar-se um já conhecido para o superego. Sempre exposto ao objeto, esse corpo "porta-lembranças" reorganiza-se a todo instante tentando não desagradar o senhor interno que o odeia. Diante do real, do real do próprio corpo, o objeto que vem de fora torna-se a causa lógica da própria história corporal do sujeito (definindo e sendo definido por ela), isto é, sempre exposto ao objeto torna-se seu mais obediente súdito. Porém, para o corporal que não pretende ser história, nem tampouco existência, pois quer (ou melhor, deve) evitar ser representado, é necessário manter a excitação psíquica no nível mais baixo possível, pois, quanto mais o psiquismo puder evitar a lógica constitutiva dos atos, mais distante ele estará de compreender que os atos são as causas culpadas pelas dores da vida. Atingir esse estado significa atingir um estado algo próximo ao sono, próximo ao nirvana, próximo ao funcionamento de qualquer organismo vivo na natureza. Aqui, porém, o que existe é o não querer pensar para não sofrer, apenas repetir, sem tomar contato, fazer, fazer e nada mais.

Nessa evitação de possuir sentido, que procura inibir a elevação brusca da energia psíquica escoando-se indefinidamente, o corpo procura, com a racionalidade compulsiva que o compõe, um estado de homeostase, de equilíbrio que implica um silêncio tão radical que acaba por não permitir ao ser a sua mais comum manifestação. Com isso, a história silencia-se na lógica expulsiva (todo sentido é evacuado) do corpo que vive, mas não pode ser reconhecido como existindo; age, mas não se constitui, não se significa, não se reconhece.

No entanto, e isso é curioso, o corpo é algo que também pode se apresentar como compulsão ao outro, fazendo do outro um imperativo inevitável a que ele, sujeito, não escapa. Mesmo para os homens solitários, que viviam em jejum no deserto – os anacoretas –, o corpo mantinha uma exigência de contato com outro corpo que, por vezes, destruía toda pureza sublime que o ascetismo podia alcançar, mesmo que duramente conquistado na força da solidão e do ermo, na abstinência e na pouca alimentação.

Aline Rousselle faz uma citação bastante pertinente sobre esse assunto:

> *João Cassiano distingue seis graus na castidade. O primeiro consiste em não sucumbir aos assaltos da carne, quando se está consciente e desperto. No segundo, o monge rechaça os pensamentos voluptuosos. No terceiro, a visão de uma mulher já não o perturba. No quarto, já não há ereções em estado de vigília; no quinto, nenhuma evocação do ato sexual nas leituras sagradas o afeta, "tal como se se tratasse da fabricação de tijolos". E, finalmente, o ápice, o sexto grau da castidade, consiste em que "a sedução dos fantasmas femininos não provoca nenhuma ilusão durante o sono. Ainda que não consideremos essa ilusão como algo culpado de pecado – diz João Cassiano –, ela é todavia o índice de um desejo que ainda se esconde na medula".*[25]

---

25. Rousselle, A. *Pornéia – sexualidade e amor no mundo antigo, op. cit.*, p. 186.

Isso pode conduzir, talvez cada vez mais, até mesmo na perspectiva histórica, em poder reafirmar quanto o homem tem buscado livrar-se do corpo, evitá-lo, pô-lo como secundário. No campo da ciência, Freud valorizou o aspecto mecânico da mente, sua lógica mais radical, a descarga; também enfatizou quanto a mente despreza o objeto. Em Freud o conceito de pulsão e o de auto-erotismo dão testemunho disso. Em Klein, a teoria objetal é o cerne fantasmático dessa mesma colocação por estar toda apoiada no fato de que "a anatomia é o destino", o corporal é aquilo que condena o sujeito a uma relação forçada com o outro: estando a boca condenada ao mamilo, nada mais óbvio que evitá-lo, pois aquilo que é da ordem lógica do corpo para o psiquismo é, muitas vezes, vivido como ofensa, perigo ou acusação no mundo fantástico do interior da mente. E, mais, o objeto que é capaz de evocar uma nova ação eficaz e específica do sujeito (por exemplo: mamar), recoloca esse tal de sujeito em um campo de pecado, de erro, pois está aí evidente o fascínio, a compulsão, a condenação do corpo a um outro corpo como erro que não deve ser repetido. Portanto, como venho apontando neste texto, o corpo necessita antes do outro corpo do que da satisfação auto-erótica que o subordina. A necessidade exclui Eros e transforma o objeto em deidade que tem todo o controle sobre a vida e a morte do sujeito, proibindo-o de agir, inibindo-o por acusá-lo tanto.

Assim tem-se um paradoxo: o corpo como reduto de todas as relíquias da humanidade, a memória, a memória viva da construção do caminho da espécie; e o corpo-funcionamento, puro sistema que aponta para o inorgânico como alvo. Este último propõe como solução, para qualquer aumento do nível de excitação, a descarga; isto é, a desconstrução do já estabelecido. Corpo, portador da memória da morte; corpo, representante do fim, do erro, da imperfeição. Note-se, em nenhuma das teorias psicanalíticas esses impasses ficam resolvidos. Em Klein menos ainda, mas ela os enfatiza e trabalha, propondo-os como pontos centrais do inconsciente.

Em Klein, não é a sexualidade humana nem tampouco a violência do discurso que estruturam o psiquismo: é a morte, é o confronto com a autodestruição que obriga o sujeito ao encontro com o objeto, é um ódio ancestral de ter que estar "mais uma vez" aqui. Nesse momento, o corpo impedido de morrer faz do objeto um elemento que proíbe a descarga total e se oferece como direção privilegiada da mesma descarga. Em uma palavra: o eu deve investir no objeto, deve morrer no objeto. Porém, aqui o que é excitante funde-se ao que é apaziguante, propondo uma conexão entre mamar e morrer. E também entre mamar e viver, e entre agir e desejar conhecer, tanto quanto entre atuar e não dar nenhum significado à vida.

Esse fundamento metafórico da morte e da fome – o seio – é o objeto primacial desde o começo. Ele vai interferir na lógica da ação, e a própria ação colorir-se-á de uma qualidade reflexa (reflexiva) do objeto. Se o bebê que mama assimila a ação de mamar à ação de morrer, a existência do psiquismo e da inteligência estará comprometida desde muito cedo em sua vida. Se a forma proposta e a ação realizada não forem acolhidas como acontecimentos históricos e forem mal interpretadas pelo superego, o sujeito epistêmico sempre estará absolutamente à margem do processo de conhecer. O bebê que se encontrar nessa rachadura cognitiva, nesse paradoxo em que mamar é morrer, estará diante do maior dilema humano. Isto é, o objeto que me dá alguma objetividade, que me dá uma forma, não é suportável; e o corpo – sinalizador e fonte das qualidades psíquicas – não pode dizer nada sobre o objeto que ali se apresenta, pois, se o reconhecer, com ele reconhecerá que a finitude é um fato definitivo e está ali ativamente presente. Porque, apesar de significar, não pode fazer sentido.

A teoria kleiniana propõe, então, o objeto como suporte

da vida e responsável direto pela representação da morte. Assim o objeto exige a aceitação e a elaboração da própria morte, antes que se possa compreender a vida. Viver, em Klein, é acolher com tristeza a solidão humana diante do objeto e de sua natural transitoriedade, é considerar a morte uma questão que não cede e a qual o homem, no mais das vezes, mal suporta formular. Suporte da vida, "apresentante" da morte, o objeto submete e significa; mas, quando se significa, é imediatamente tragado pela lógica do corpo do sujeito, subjetivando-o, introduzindo-o em uma transitoriedade insustentável para o pensamento. Ou seja, todo objeto passível de apreensão pelo corpo torna-se passível de morte. Ainda em Monteiro Lobato há uma passagem interessante:

> Mas eu não queria que fosse assim – lamentou Pedrinho. – Tenho dó do meu corpo. Estas mãos, por exemplo – disse ele abrindo-as. – Estou acostumado com elas... Desde pequenininho que estas mãos fazem tudo o que eu quero, e fico triste de lembrar que um dia vão ficar paradas, mortas (...)[26]

Somente o entristecimento pode abrir outros caminhos e permitir que a morte chegue a seu tempo no organismo do bebê recém-nascido, ou do adulto recém-despertado para a vida. Somente o símbolo promovido pela posição depressiva (como descrita por Melanie Klein) poderá dar realidade ao porta-memórias que o corpo é. A vida segue em frente, indiferente à morte e ao morto, deixando em aberto o que há para significar. No corpo o símbolo e o sublime garantem uma leveza e um adiamento que – em oposição ao peso da

---

26. Lobato, M. *Obra infanto-juvenil de Monteiro Lobato, op. cit.*, p. 195.

morte – colocam o viver dentro do mundo onde o tempo passa. Sem esse adiamento não há inteligência, nem ação inteligente, sem essa âncora física não se constrói nada.

Mas, em Klein, se um vetor aponta para o possível e para o necessário – isto é, para a relação objetal vivida na tristeza da posição depressiva –, um outro, sem dúvida, aponta para o impossível, para o inviável e para um mundo de pura arbitrariedade, isto é, aponta para o mundo do contingencial e do aleatório, próprio à posição esquizoparanóide. Mundo governado pela pulsão de morte, pela ausência de símbolo, pelo forte sentimento de inviabilidade que a inveja engendra quando do encontro com o objeto.

Se nos fosse permitido arriscar uma psicopatologia da vida cognitiva e, para contê-la, usássemos os conceitos aristotélicos retomados por Piaget (possível, necessário, impossível e contingencial), poderíamos propor que o mundo do "possível" seria aquele que indicasse uma vida decepcionada, uma vida melancólica, em elaboração perene, sempre escapando e sempre sendo aprisionada pelos mecanismos cognitivos da espécie. O do "necessário", por sua vez, seria aquele presidido pelo objeto e pela força autoritária do outro sobre a ação do sujeito, em uma perspectiva de gratidão a essa forma já oferecida. Esses dois elementos – "possível" e "necessário" – fariam a base da posição depressiva e do conhecer como alegre devir. O "impossível" e o "contingencial", como já dissemos, apontam para as múltiplas facetas das imagens que fragmentam o psiquismo do sujeito, fazendo dele um joguete de tudo que se apresenta diante dele e que o identifica. A fragmentação esquizofrênica impõe ao indivíduo ser todos, sem que ele possa ser nenhum. Aqui, "impossível" e "contingencial", ao estarem unidos, estruturam a base psicótica da cognição. O tudo e o nada apresentados em uma sucessão ininterrupta fazem das funções cognitivas um organismo devorador e desconhecedor de tudo. Quanto mais teoria produz mais erro liberta.

Além de problematizar a questão do conhecimento, podemos pensar que os textos kleinianos marcam e abrem um campo onde se constitui o sujeito psíquico como sujeito da imaginação sem fim. Aí Klein fará sua obra.

Sua atenção estará dirigida, sempre, para a descosedura do homem, fincado e esticado em dois extremos. Um, de profundo sofrimento e consciência de si, e outro, de alienação e desprezo. O humano, para ela, será o resultado do confronto entre o pesado homem melancólico do "possível" e do "necessário" – ser de extrema sintonia com as coisas graves, últimas – e o anjo, homem-anjo, sem corpo, desmaterializado, que pode ser tudo, mesmo aquilo que não quer ser. O absolutamente instável, aéreo, "impossível", *versus* o absolutamente visível, palpável, definitivo, "necessário".

Tentando construir uma teoria que explicasse essa oposição fundante, Klein pensou em dois campos diferentes: um, o da posição esquizoparanóide – assim ela o chamou – e outro, o da posição depressiva. Além disso, nesse intervalo entre a posição esquizoparanóide e a posição depressiva, ela também dá indícios de ter pensado uma teoria sobre questões como a causa e a culpa, onde ansiedade e dor psíquica opõem-se e constroem-se como realidades diferentes, marcando com isso a gênese do eu.

Há um texto[27] de 1955 em que se encontra toda uma tentativa de abordar a problemática da capacidade humana de suportar e viver a experiência de responsabilidade. Klein, em seu rude procedimento de escrita a sangue frio, investiga de forma aguda a construção do senso de responsabilidade, desde a frieza esquizofrênica ao símbolo da tristeza, partindo do pólo em que o sujeito está mais ausente, inocente e ingênuo – descorporificado em certo sentido – e dirigindo-se ao pólo no qual a lei adquire uma força agrilhoante, asfixian-

---

27. Klein, M. *et alli. Progressos da psicanálise, op. cit.*, capítulo VIII – Sobre a Teoria da Ansiedade e Culpa.

te. Neste último, o sujeito não pode mais agir, por confundir agir com pecar; se age não sabe quem é nem o que está fazendo, mas tem uma certeza que o melancoliza: o corpo é a morada onde o eu não queria estar. Vivendo em um mundo limitado e perigoso – por ser portador da morte –, o corpo torna-se para o eu um reduto do medo. Há um exemplo disso nos estados hipocondríacos em que se vê a gravidade dessa relação que transforma em dor física irreparável aquilo que deveria ser uma dor psíquica e, conseqüentemente, conhecimento.

O ser investigador por essa via nasce como um ser estrangeiro absoluto, em que o próprio corpo e suas reações são experimentados como algo absolutamente alheio, distante e pertencente a um outro, que no entanto não é alteridade mas vive dentro do eu. Não é alteridade porque simplesmente existe dentro do campo narcísico, mas é experiência de perigo que garante precariamente a existência de um outro tomado como dor insuportável. Com essa experiência de sofrimento nasce a noção primitiva de causa: o outro humano se apresenta como objeto persecutório interno. Isto é, o culpado não sou eu; é o outro que vive em mim. O pavor em já ser manifesta-se pela negação absoluta do próprio sentimento de existência do ser, em prol de algo que "existe no meu corpo e não me deseja".

Sem sabê-lo, ou sem pretendê-lo, Melanie Klein aprofunda-se em uma metapsicologia da existência. Talvez mesmo sem querer, Klein nos permite ler como problema de responsabilidade o problema do narcisismo, pois este devora o ser e se organiza como se fosse o senhor de todas as leis de causa e efeito, causa e conseqüência, no mundo, tanto no sentido religioso, quanto no científico. Ação e responsabilidade implicam necessariamente causa e culpa. E, antes de tudo, implicam a existência de um eu para ser o culpado.

O homem religioso, em Klein, não pode estar separado do científico pela acusação compulsiva que se expressa em seus procedimentos. É o eu culpado, como eixo fundamental da experiência de causa, que é o eu, capaz de, no entanto, construir um conhecimento propriamente humano, se puder sustentar o agir como gesto de beleza, já que se fala da especificidade da fusão entre conhecer, entristecer, acusação e auto-acusação. Sem luto, diria Klein, não há conhecimento. Sem luto não pode haver esse envolvimento entre conhecimento e acusação. Lei da dor da responsabilidade, é o luto, para Klein, aquilo que faz demarcar um limite próprio ao conhecimento humano. Todo conhecimento feito sem luto não será um conhecimento simbólico e, portanto, não poderá contemplar uma condição de reflexão; será ação direta, sem mediação da tristeza. Um conhecimento feito sem luto exclui o eu do campo da responsabilidade. Sem eu culpado não há causa no mundo, e um mundo sem causa é um mundo sem gênese, é um mundo sem princípio e portanto sem fim nem sentido. Aqui fica bastante evidente a função vital e cognitiva do mito e do corpo enquanto culpa e enquanto causa, dando-lhes a possibilidade de sustentação física e narrativa. Inventar um princípio é reconhecer o limite diante da morte. Ignorá-lo, burlando-o, é recusar esse limite, fazendo dele história que permanece como eternidade; brincar com esse limite é escapar de tudo para poder criar.

Creio que os pontos apresentados facilitam a compreensão daquilo que quero apontar, neste capítulo:

1.º) O corpo ignorado como realidade já psíquica;
2.º) O eu primitivo como a construção falsa e narcisista (sem causa, sem corpo, sem origem);
3.º) O eu que vive para o outro por temer esse mesmo outro;
4.º) O eu capaz de culpa, capaz de oferecer-se (por dispor do símbolo e da tristeza) como causa do mal e, ao mesmo tempo, como redenção desse mal na sublimação.

Esses pontos lançam as bases para uma teoria do inconsciente do conhecimento em Klein. Nela quero ver enfatizados os aspectos ligados a uma epistemologia psicanalítica da cognição; com essa epistemologia quero poder apontar a necessidade de aproximar teorias cognitivas e emocionais por ter a convicção de que as propostas kleinianas sobre psiquismo assim sugerem e por perceber o quanto é premente garantir lugar de honra à afetividade no campo do conhecimento.

Quero ainda enfatizar que há uma intensa ligação entre causa e culpa, entre causa e corpo, entre culpa e responsabilidade, entre culpa e narcisismo, e todos esse aspectos apontam direto para as questões que vim desenvolvendo sobre a relação do sujeito com o objeto. É justamente essa conexão que aponta para a base onipotente do laço primitivo entre o homem, a ação e o objeto. Laço indissolúvel entre o ideal e o real, entre o ideal e o nada da morte corporal, enfim, entre o agir perfeito e o pecar, erro profundo da ação. O errar, o erro, a errância de uma ação que jamais é bem-vinda por ser concretização de algo tão maior que a mente (belo em sua essência) que, ao realizá-lo, faz desse gesto uma questão, e não uma afirmação; um desconsolo e não uma segurança.

É notável a ruptura entre as formas intelectuais de ordenar o universo e sua profunda e quase indomável manifestação física, corporal. O corpo sabe antes de conhecer, para M. Klein o corpo é um porta-memórias e não se encontra fora do mundo do simbólico, por isso se pode afirmar que ele é lembrança pura que deve ser dissolvida pela sublimação e pelo aperfeiçoamento. Não há real no corpo, ele próprio já é símbolo, elemento da *phantasia*. Mas, estranhamente, há uma ruptura entre o corpo e o símbolo que continua insuperável, e essa ruptura é responsável por problemas infinitos na construção do aparelho psíquico humano, na apreensão da realidade, na construção das noções de ciência e religião.

Uma dessas rupturas constitui um psiquismo bastante singular – o do homem lógico –, pertencente ao universo da posição esquizoparanóide. Esse homem cada vez com mais ódio ao corpo e ao símbolo produz experiências que recolocam a morte como centro do pensar, não como problema, mas como solução. Esse homem não entristece com o drama da vida, não sabe o que é o seu próprio semelhante e não tem capacidade de viver o sentimento de culpa e a noção de coletividade; pertence a uma ordem na qual a dor só se apresenta como questão física, sem significado psíquico. O máximo pelo qual ele pode responsabilizar-se é por um cuidar de si, e mesmo assim de modo muito precário. Em suas relações de objeto, as características daquilo que é humano ocupam o lugar do nada ou da fonte que contém o perigo e a hostilidade. Aqui o estranhamento cria o outro como causa do mal e, sendo assim, o outro pouco importa porque é o mal em si.

Nesse domínio, o eu não reconhece que investe ódio contra o corpo e contra o outro. Lembro duas patologias desse período: o hipocondríaco e o criminoso violento e frio. Neles não existe nenhuma responsabilidade; narcisismo e vileza unem-se, fazendo do sujeito um ser capaz de ações lógicas e incapaz de consideração, fraternidade e ternura pelo mesmo da espécie. Sua criatividade está centrada na produção da destrutividade. Uma espécie de estética da obscenidade, pós-moderna em sua manifestação, que tenta expressar o sem sentido existencial.

A vida sem esperança, onde o nada apresenta-se sob a forma do horrível, do violento, do agir pelo agir, sem nenhuma relação com a história ou com o mito. Construir o destruído, destruir o possível, construir o inviável, a estagnação, o vazio. O alvo dessa lógica é a morte do outro e do corpo; a morte de tudo aquilo que dá forma, contorno, imagem. O ápice desse sistema está encenado na bizarra figura do autista e na candura sem precedentes dos mongolóides, mas sem dúvida aparece também nos novos torcedores de futebol. Ter no outro um eterno inimigo ou esperar do exterior a suprema benignidade (ser um ingênuo que sempre espera o bem do exterior) são extremos de um contínuo que constitui a lógica afetiva primária do conhecimento humano e que, sem dúvida, faz do conhecer uma experiência afetiva bastante complexa, arriscada e raramente bem-vinda.

Uma outra ruptura – o homem melancolizado –, que se opõe à primeira, é aquela que se organiza no universo da posição depressiva. Esse homem deprimido não é propriamente humano, apesar de se parecer muito. É o homem possuído pela moral do trágico, pela tragédia; é o homem que é responsabilizado, tomado como vítima e oferecido em holocausto. É o *pharmakós* grego, o bode expiatório eleito como aquele que leva a culpa. Causador do mal, sua morte ou sua expulsão podem salvar uma população, uma cidade, um povo, uma nação. São estes – seres divinizados portadores do veneno de todos – homens melancólicos que vivem para purgar o mal cometido pelos outros. Os graves seres melancólicos falham na tentativa de serem humanos; são capazes de reconhecer o outro como necessário, mas não têm nenhum prazer nisso. São capazes de sofrer, mas tudo se consome em pena de si, em autocomiseração compulsiva, tomando o fortuito pelo necessário e fazendo de si a causa onipotente do mal do mundo – suicidas, ulcerosos, miseráveis –; aqueles que não merecem ou não têm o direito à vida e muito menos ao prazer.

Sempre muito arrogantes, julgam-se a causa lógica do mundo, culpados por tudo; seus atos são tomados como ações mágicas ou feitiçarias que produzem a ordem ou a desordem, tanto o bem como o mal. Muito responsáveis por tudo, sem poder ver nenhuma esperança na vida, têm como certeza que a morte é um castigo e não uma possibilidade. Tudo é sacrifício, tudo é imolação, tudo é dor sem sentido, sem função.

Pode parecer estranho falar em arrogância na depressão, mas esta é mais uma das inúmeras contribuições de Melanie Klein no campo da formação do caráter. Todo depressivo carrega um insólito destino; necessita pensar em si como vítima da fúria divina ou como resto mal desejado dos pais. Muitas inibições na inteligência e na escolaridade têm como pano de fundo a depressão e a culpa arrogante. Embotados intelectuais, crianças com distúrbios psicomotores investem contra si uma quantidade de ódio e de reprovações incalculáveis. Sempre incapazes de realizar o ideal, paralisam-se, travestindo-se de criaturas inviáveis para o mundo humano. Fortalezas que não se deixam penetrar, nos quais os processos de acomodação estão funcionando precariamente, evitando com isso que o conhecimento se instale no íntimo do sujeito epistêmico. Sempre esquivos, levam uma vida de dor, desconhecimento, insatisfação e ingratidão.

## Narcisismo primário: o eu perdido no corpo

A memória é o centro das conexões lógicas já implantadas no corpo. Na posição esquizoparanóide a memória está, pode-se dizer, totalmente submersa ou expressa nos reflexos e pelos reflexos que já têm um empenho espontâneo pela vida. O reflexo de sucção é o sinal evidente da vida ou pelo menos de sua lógica. Condenado à troca pela compulsão reflexa do sugar, o corpo expressa o desejo de viver – os olhos e os ouvidos estão esquecidos, e o eu mais esquecido ainda nesse momento. Boca e ânus passam a ser fortemente lembrados; porém, absolutamente amnésico, o bebê desconhece o outro de sua espécie e, mais do que isso, as funções de seu corpo.

O símbolo do reencontro, da lembrança de uma amizade perdida, está reduzido ao movimento espontâneo da sucção. Pode-se dizer que o reflexo de sucção é um sinal primário de gratidão, é um gesto que, de início, faz do seio um suposto causador do bem. O corpo já esperava o seio; ele não era um estranho, era bem-vindo, era aquele que deveria estar ali. No entanto, a morte, ao invadir o seio, torná-lo-á ofensivo e hostil.

Porém o objeto, diferentemente do corpo que a ele se adapta, recusa-se a ser possuído como forma narcísica e se recusa a ser corpo, mesmo que o psíquico assim o deseje. Está evidente em toda a obra freudiana que o conceito de pulsão destrói completamente o campo da memória. A pulsão se apresenta como sistema aberto, sem lembrança de nada. A pulsão não se interessa pelo objeto, ele pode ser um qualquer; a pulsão delineia apenas um método, um procedimento básico, monótono. O inconsciente freudiano está desprovido do amor pelo outro. O inconsciente freudiano introduz, como paradigma máximo do esquecimento, a lógica monótona da pulsão. O outro não é nada; é apenas método, veículo de descarga, objeto da pulsão.

Somente em *O ego e o id* (1923)[28] – em que a tópica do eu é reapresentada simultaneamente às tópicas do objeto e da pulsão – a história e o narcisismo sobrepujam o método. Lá, Freud (totalmente seduzido pelas propostas de Sándor Ferenczi) introduz, inapelavelmente, a memória no cerne do mundo pulsional: no id existem incontáveis egos, incontáveis ações logicamente organizadas e historicamente significadas e feitas. É nesse espaço de signos e história que as ações atuais carregam-se de conotações de um outro tempo, criando e, ao mesmo tempo, comprometendo todo o agir atual.

Uma criança, presa pelo peso desses significados inconscientes, poderá apresentar forte inibição, isto é, apresentar sérios limites na construção da inteligência e na construção do mundo cognoscível. Porém, para tentar significar a vida, a criança deverá suportar esses mitos primevos e entregar-se a eles; neles reside a força da sublimação como Klein a concebe. Sublimar para ela é erotizar,[29] é brincar com as lembranças, é

---

28. Freud, S. *O ego e o id, op. cit.*, v. XIX.
29. Cito Melanie Klein: "A este processo de *cathexis* com libido damos

sacralizar o estranho, fazendo-o ameno, é devorar o outro possuído pelo símbolo, sem no entanto morrer. Em Klein, é o lúdico que constrói o mundo possível e marca exatamente os limites representáveis do psiquismo. A desilusão e a frieza que surgem no ponto exato em que o psiquismo vê sua finitude (a brincadeira acabou, o mundo acabou) são as marcas que indicam os limites do lúdico. Se o lúdico é o limite da beleza do psiquismo, então é só no campo da tristeza e do lúdico que a lógica das ações e suas conseqüências readquirem realidade humana e significado, como beleza estética da existência.

Causa e culpa estão ligadas à memória e, portanto, a casualidade cognitiva está imersa no mundo do lúdico, das lembranças e do trágico como repetição do acaso. O prazer em brincar e o prazer em lembrar e narrar é o que constrói os limites da ciência. O homem esquecido, portador do mal do fim do século – o mal de Alzheimmer – não tem mais lembranças de si. O "eu" não lhe quer dizer nada. O "eu" já não está mais ali. O único sujeito a cuidar de si é o que resta inconsciente nas ações que aparecem, espontâneas, durante a alimentação, o acordar e o vestir. Resta uma lógica, no entanto a ética já não tem mais razão de ser. Não há mais o homem pesquisador, o cientista, querendo compulsivamente conhecer e inventar o mundo a ser conhecido.

Talvez o narcisismo que podemos, de fato, chamar de primário é esse narcisismo que resta no músculo do amnésico que age. Aí alguém cuida de si, mas já não sabe mais quem é, mesmo que o carinho no "autocuidado" revele o amor que ainda resta na lógica das ações de quem não sabe quem é, mas que, agindo no corpo, continua se amando.

---

o nome de 'sublimação' e explicamos sua gênese dizendo que dá à libido supérflua, para a qual não há satisfação adequada, a possibilidade de descarga, e que o represamento da libido é assim diminuído ou extinto". (Klein, M. *Contribuições à psicanálise, op. cit.*, cap. III – A Análise Infantil, p. 121.)

## O eu perdido no objeto: objeção e objetivação primárias

Fazer um objeto assemelhar-se à lógica da ação aplicada sobre ele é assimilar o objeto à ação. Cada gesto, cada movimento desenha o contorno lógico do outro. Assim, do ponto de vista da ação, a mãe, por exemplo, é para o bebê uma seqüência lógica de ritmos e movimentos precisos e assimiláveis, dando ao bebê uma aparência de eu. Nesse sentido, a ação é criativa e formaliza o real, equiparando-o ao agir; a mãe por seu turno pode ser a ação prazerosa sobre ela. Por outro lado, assimilar um objeto a uma ação é descobrir a irredutibilidade desse objeto a qualquer ação. Objeto e ação são, então, registros muito pontuais de experiências acumuladas no tempo, que se relacionam mas não se bastam; estão, isto sim, em processo contínuo de construção. Podemos dizer: a ação assimila o objeto; ela o devora, engole-o. Aqui temos a supremacia da ação. O objeto é introjetado pelo gordo olho da ação. Isso pode apontar para uma espécie de gnose primária, muito precisa, exata, identificatória; ou seja, o eu é movimento de puro prazer em contornar, amoldar-se, igualar-se ao desenho que o objeto impõe: o objeto é pura silhueta, espaço puro, lugar privilegiado de exercício em submissão da ação do outro a ele, portanto, estrutura.

Porém, algo – quando nos aproximamos do objeto – sinaliza perigo, fascínio e temor. Algo em nós indica quanto um objeto pode ser excessivo e conter em si o perigo da formalização e da morte. Nele há, com certeza, o poder da definição e da submissão à sua beleza. Klein sabe muito bem quanto um objeto é fonte de prazer, paixão e loucura; ela dedicou-lhe toda a sua obra. No entanto, parece-me necessário ressaltar que se encontra em Freud uma submissão do homem ao mecanismo da pulsão; em Klein, diferentemente, há uma submissão ao efeito fascinante que a apreensão do real causa no sujeito. Em Freud a pulsão é a tentativa mais radical de teorizar o problema do esquecimento. Em Klein,

pelo contrário, o problema é o do êxtase – muitas vezes insuportável – diante da lembrança. A captura do mundo pelos órgãos dos sentidos (em última análise, pelo corpo) faz do sujeito um súdito de seu corpo e seu corpo um súdito do objeto.
Para Klein, o objeto impõe um exagero de forma que asfixia e apavora o eu, submetendo-o. É como se o objeto dissesse ao eu: "Bem, se você se esqueceu de mim, aqui estou para lembrá-lo que sou eu a quem isso procura". Totalmente inesquecível, o objeto objetiva a pulsão e objeta o esquecimento. Se o eu esquece, o objeto lembra. Se a pulsão diz: "Morra!", o objeto diz: "Seja! Senão eu te mato!". Paradoxal e espantoso, assim é o objeto kleiniano.
Objeto de objetivação da pulsão, o objeto impede a morte e inocula a primeira solução possível para a tendência à descarga. Aqui, inicia-se uma luta de titãs: a tendência radical de descarga, isto é, a tendência à morte contra a esmagadora força definidora e identificatória do objeto. Se, em Freud, a sexualidade é inoculada a partir do exterior, através dos cuidados de higiene feitos pela mãe, em Klein também é exterior a tirania que o objeto impõe à descarga e ao sujeito. Do ponto de vista do que estou chamando de inconsciente do conhecimento, a ação assimila o objeto e, sujeitado a ele, o agir adquire a função do sujeito: eu faço, eu ajo, portanto, sou eu o culpado. No entanto, eu ajo porque sou súdito do objeto, estou condenado pelo desejo de conhecer a identificar-me e a relacionar-me com ele. O objeto torna-se o veículo de tudo – meta e realidade definitiva da pulsão.
O homem que age, para Klein, sempre será o homem que atua, isto é, aquele que re-age; "age" novamente uma ação perigosa do passado. Sempre inserido em um tempo – tempo da história viva da espécie humana – o *homo-sapiens* será eternamente objeto de crítica para o ideal. Portanto, não é pouco lembrar que, em Klein, encontra-se uma teoria da pulsão que indica que o objeto do desejo é, antes de tudo, o

objeto necessário – próprio das ações primordiais – e não o contingencial e aleatório da pulsão freudiana. Em Klein, é aquele que já é lembrado pelo reflexo de sucção que acompanha a maioria dos bebês humanos e é o objeto superegóico. Porém, essa memória reflexa está imersa no mito e é o mito – por exemplo, o do vampirismo – que impregna de realidade proibida e perigosa a ação espontânea do bebê diante do seio. Aqui fica evidente que o mito cria o vínculo entre ação e culpa e faz do bebê – que deve agir para viver – um perigoso ser mítico sugador do interior vivo das pessoas; um bebê, repetitivamente, devorador de sangue. Aqui uma nova objetivação se impõe como objeção superegóica: "Eu sou aquele que não deveria ser". A ação de mamar, em sua lógica e em sua potência de lembrança, colore-se de uma realidade mítica e violenta que instala um impedimento significativo. Máscara primária que recobre a morte – o mito – e apresenta o esquecimento; assim a ação humaniza-se, mas, simultaneamente, amaldiçoa-se.

Essa morte recoberta pelo objeto torna-se posse deste que, por sua vez, torna-se totem e pai primevo. Com a morte feita totem, o objeto passa a deter o controle da vida do sujeito, que, para não morrer, acaba submetendo-se à tirania de suas formas. Para Klein, tanto quanto para Laplanche, o objeto ocupa assim o poderoso lugar de agente excitante-apaziguante.[30] No entanto, o que importa para ela é que, além do objeto ser um porta-sexualidade, invadindo o psiquismo com uma excitação que lhe é própria, esse mesmo objeto é um sinal evidente da possibilidade de descarga e, portanto, sinal de solução, identidade, finitude e morte. Enquanto forma, o objeto porta a memória de um destino e, quando o eu já pode reconhecê-lo na perspectiva do símbolo,

---

30. Laplanche J. *Teoria da sedução generalizada*, tradução de Doris Vasconcellos, Artes Médicas, Porto Alegre, 1988, capítulos V, VII, IX, X.

esse destino desdobra-se em causa de vida, por ser excitante e apaziguante.

Assim sendo, podemos pensar que se um objeto é um porta-memória é também um porta-morte, como um verdadeiro totem, desejo e destino. Em outras palavras: no encontro com o objeto a saudade entre a mãe e o bebê é tanta que o próprio encontro é insuportável, enquanto encontro com o belo. A euforia impedida apaga a vida no olhar da criança e a pergunta que se faz é: O que é você que, ao me acalmar, está me matando?

"Do que se trata?", pergunta-se o bebê. "O que é isso que eu sou e o que faço com esse saber?" Ignorar, diz Klein, esse é o grande gesto esquizóide de horror inefável que, ao contrário do grito feliz de saudação e saudade, surge como petrificação cadavérica do homem. Mecanizado, preso atrás do espelho, o anjo esquizofrênico é capaz de amputar seus genitais como solução absolutamente objetiva para um pedido delirante da voz do "grande outro" internalizado.

Aí está o totem, aí está o verdadeiro deus, o deus senhor da vida – causa do bem e do mal – que fala sobre as formas do corpo como se elas fossem substituíveis ou intercambiáveis a qualquer tempo, e como se ele fosse capaz de redefini-las, destruindo a si próprio a seu bel-prazer.

Retornando à questão da objetivação e objeção primárias, eu diria que é a investigação sobre o objeto que orienta a pesquisa kleiniana. É o fascínio pelo objeto, que reapresenta o mundo da memória, aquilo que dá forma ao interior psíquico da criança. A ação, o mito, o outro unem-se para erguer o sujeito propriamente humano no centro da história.

Objeto necessário, sem o qual o mundo não é viável, o seio é o objeto em Klein. Não é aquele objeto da tese freudiana, cuja função é mera contingência. Aqui, no kleinismo, o que se propõe é a força tremendamente excitante do encontro com o necessário. O já esperado, fixado previamente, impõe-se como ser mais forte que o eu, submetendo esse eu a uma busca insaciável de possibilidade de fuga e a um encontro obrigatório. Enquanto Freud pensa em fugir da prisão do instinto, da força monótona da morte, em Melanie Klein, o que se impõe é o problema da fixação ao objeto. Klein pensa o objeto como formalização primitiva; forma primária de tudo, matriz fundante do psiquismo. Para ela, o objeto aprisiona a pulsão e relembra o eu dos caminhos de escoamento, fixação e conhecimento trazidos na própria bagagem corporal. O objeto apresenta a morte e, como a contém, sendo um terror representável, afirma: a vida é possível, mesmo que medonha! A assombração lógica da morte se abre como a finitude da vida. O corpo morre e, com ele, o sujeito. A morte se mostra clara antes que possamos captar o sentido da vida. A conclusão vem antes do começo. Inversão paradoxal, morte que anima a vida: pulsão fêmea. Horror absoluto, visão aterradora, causa primeva, culpa ancestral e divina, mito de início violento. Perplexidade lógica da repetição. Cadeias circulares, causa e culpa, acaso e repetição, criador-criatura, síntese teimosa de uma experiência que reluta em fazer sentido.

## O impulso epistemofílico ou sobre a loucura de conhecer

Se fosse reservada ao corpo a categoria do tempo e ao objeto a do espaço, talvez se pudesse sugerir que o conhecimento é o resultado final do encontro entre eles. Os ritmos obrigatórios impostos pelas diferentes regiões e funções corporais assinalam uma ordem de acontecimentos. Para mamar é necessário sugar, respirar, engolir, sugar novamente; aí temos um tempo que é próprio ao corpo, sem o qual não haveria objeto. Ao objeto, do outro lado do contínuo, cabe a demarcação de um território cuja força formadora se impõe: a boca toma a forma do peito, do bico do peito. Forçando sua forma, o seio faz suas exigências impondo ingênuo tudo aquilo que ele é, sem nada exigir do sujeito, a não ser que obedeça.

Se tudo seguisse essa ordem, estaríamos satisfeitos com a clareza e a ausência de enigmas, tanto do sujeito, quanto do objeto. O corpo marcaria a gênese dos acontecimentos e o objeto forneceria sua estrutura, como se fosse um lugar vazio que pudesse ser ocupado por qualquer um. A causa seria a causa e não teria ligação com a culpa, estando presa nessa dimensão lógica do sujeito e do objeto.

Porém, o inconsciente remarca e confunde todos os sinais de diferenciação que a consciência organiza. À semelhança de um cartum, realidade e ficção são sobrepostas e o vazio estrutural do objeto adere ao vazio existencial do sujeito. Estando pronto no entanto para já ser o que é, o eu desmantela-se inteiro para fazer-se novo diante do outro.

Com um horror tão grande ao esboço – bastante evidente em seus traços mais gerais – que o corpo desenha, o eu agarra-se ao outro com tanta força que não sabe mais como desvencilhar-se dele: menino e menina abandonam sua sexualidade corporal para ser a sexualidade psíquica da mãe.

O vazio provocado pelo esquecimento torna-se mineral, petrificado. O eu torna-se cópia rígida do primeiro encontro com o objeto. Por supostamente ter esquecido tudo, por não saber por que age, o bebê identifica-se com o objeto e torna-se o seio. É um imperativo mais do que categórico porque ele afirma a existência do ser, do sujeito, como uma placa de aço cede ao peso da prensa que a molda. O objeto é um molde tão tenaz quanto um molde de aço.

Dobrado, revirado à força, retorcido e moldado, agora o eu tem uma identidade que afirma "o eu é o objeto". Primeiro conhecimento, forma primitiva de gnose. Conhecer, aqui, é ser o outro.

Causador de mim, meu criador, em um gesto de desespero diante do profundo esquecimento da pulsão, agarro-me ao objeto e faço-me sua imagem e semelhança. Reverencio-o como sendo meu primeiro ser: fazedor de mim, o outro é a infinita atividade de produzir-me.

Klein, em um trabalho de 1928, intitulado *Primeiras fases do complexo de Édipo* (1928), afirma:

> *Assim, o instinto epistemofílico e o desejo de tomar posse chegam logo a estar intimamente ligados um com outro e, ao mesmo tempo, com o sentimento de culpa provocado pelo incipiente complexo edípico. Esta significativa conexão anuncia, em ambos os sexos, uma fase de desenvolvimento de importância vital, que até agora não tem sido suficientemente reconhecida.* Consiste numa identificação muito precoce com a mãe.[31]

Note-se que a identificação se dá para além do corpo e da ação. Há uma identificação "muito precoce" com uma função psíquica da mulher: a maternidade. Esta é a imagem mineralizante que cede ao peso da prensa da identidade.

Aqui o conhecer começa a retorcer-se. No caso do menino, ele faz uma alteração radical do mundo que seu corpo queria fantasiar; a menina redobra sua identidade, antecipando uma realidade feminina que só surgirá com o tempo. Menino e menina, ambos são psiquicamente a fêmea que se apresenta como mãe. Incapazes de reconhecer os corpos que têm, forjam suas identidades na equação eu = outro, isto é, o eu é a imagem simétrica do psiquismo do outro. Perdidos um no outro, indiferenciados, eu e outro são uma só unidade. Identificação projetiva recíproca e ininterrupta, diria Klein.

---

31. Klein, M. *Contribuições à psicanálise, op. cit.*, especialmente pp. 256 a 258 (grifos meus).

Essa unificação, propõe Klein, é resultado do "instinto epistemofílico" associado ao "desejo de tomar posse": o eu só pode ser se ao outro possuir e, ao outro possuindo, ao outro conhece: "sim, ele sou eu!"

Nessa perspectiva, conhecer é a capacidade de perder a identidade, tomando a identidade do outro como própria, para si.

Melanie Klein problematiza ainda que essa experiência primitiva de conhecimento é feita de forma brutal pela pressão da ignorância. Ela diz:

> *Esse sentimento precoce de não saber tem múltiplas conexões; une-se ao sentimento de ser incapaz, impotente, o que logo resulta da situação edípica.*[32]

Note-se que a ignorância remete Klein ao mito das origens e à complexa problemática do desvendamento de enigmas. A esfinge exige deciframento. Indecifrável, o seio exige da criança submissão e evidencia a fragilidade do eu, invadindo-o com o dolorido sentimento do fracasso.

> *A criança também sente esta frustração de forma mais aguda, porque não sabe nada definido sobre os processos sexuais. Em ambos os sexos o complexo de castração é acentuado por este sentimento de ignorância.*[33]

Klein centra a questão do conhecimento no fracasso do conhecimento primário sobre si, e a castração é o mito que sustenta, ao mesmo tempo, a ignorância (o esquecimento) e o desejo de saber. O Édipo é o elemento dramático que articula

---

32. *Idem, ibidem*, p. 256.
33. *Idem, ibidem*, p. 256.

a tragédia, que afirma nosso ser como repetição de um acaso devorado, agora, pelo mito. Fantasia das mais organizadas e ricas, o Édipo articula o inconsciente e o conhecimento, estraçalhando a contradição imposta por uma visão iluminista da mente.

Conhecer é sucumbir ao mito, é viver o âmago de nossa solidão sob a lúdica forma da alegria. Conhecer é querer saber como se faz para ser um Édipo qualquer e sempre estar disposto a repetir a vida como ilusão criacionista.

Cegos e castrados, seguimos loucos, buscando nossos genitais e o conhecimento. Ao encontrarmos o outro, travestimo-nos de toda sua forma, função e essência e, psicóticos, iniciamos nossa jornada de nos construirmos como humanos.

Assim é o inconsciente do conhecimento: busca ininterrupta de algo que já somos, mas nunca encontramos.

## Capítulo 5

# Considerações finais

*A maior preocupação não será escrever, mas aprender de cor, pois é impossível que os escritos não acabem por cair no domínio público. Por isso, para a posteridade, eu mesmo não escrevi sobre tais questões. Não há obra de Platão e jamais haverá uma. O que atualmente designa-se sob esse nome é de Sócrates, no tempo de sua bela juventude. Adeus e obedece-me. Tão logo tenhas lido esta carta, queime-a.*[1]

Concluir significa o momento em que uma ação deve indicar o momento de se interromper um caminho, um ponto, uma parada, uma separação, uma bifurcação, um fim. O momento de finalizar permite que se dramatize na própria ação o ritual de uma morte sempre anunciada. Concluir é marcar o poente das manifestações humanas, trazendo consigo o prenúncio do sono em que a motricidade fica excluída e, portanto, ela mesma não pode mais ser verdade

---

1. Platão, carta II, 314 c. citação tirada de Jacques Derrida, *A farmácia de Platão*, tradução de Rogério da Costa, Iluminuras, São Paulo, 1991.

irrefutável. Mergulhada no mundo do sonho, a ação se desloca para um futuro do tempo, para um outro tempo, onde a memória – resto diurno e relíquia de uma vida – articula a potência virtual do passado e transforma o projeto ideal de um gesto pensado em fato consumado, porém totalmente fora dos tempos reais das ações de fato feitas no agora. Então, para nós, concluir é tentar delimitar algo que sempre escapa, e que, apesar de todo o esforço para escapar, ainda insiste.

Tento concluir, enumerando alguns pontos que buscam responder e delimitar mais uma vez as questões que nos ficaram. Tanto aquelas de cunho individual, quanto aquelas que me foram feitas em público por outros interlocutores.

Lembro, no entanto, que serei breve, para evitar cair na cilada de confundir a tarefa de concluir com a de esgotar. Exponho a seguir uma sucessão de itens que tentam apenas pontuar mais uma vez minhas hipóteses.

## Conhecimento e paranóia

Eu diria que transformar quantidade em qualidade é dar forma tanto ao que é da pulsão quanto ao que é do objeto. Dar uma forma possível à pulsão é a função do objeto; ao ego cabe a questão: serei eu capaz de suportar a forma que o objeto me impõe e a que a pulsão me exige?

Certamente, Freud, quando propôs a questão (sua grande questão), o inconsciente, quis levar às últimas conseqüências a idéia de que o que preside o mundo interno do homem não é um saber. Nesse sentido, o inconsciente jamais poderia ser uma *epistéme*;[2] poderia ser, isto sim, um método

---

2. Verbete: epistemologia
   [Do gr. *epistéme*, 'ciência', + –o– + –log(o)+ –ia.]
   S. f. Filos.
   1. Estudo crítico dos princípios, hipóteses e resultados das ciências já

ou um modo de funcionamento que sempre teria como tarefa a elaboração das coisas irrepresentáveis, dos irrepresentáveis da vida sexual até os da morte.

Em Freud o mundo das representações e do objeto tem a função de conter a tendência psíquica para descarregar a energia pulsional (vital, aqui, no caso) a zero. E esse mesmo psiquismo tem em sua metodologia mais arcaica uma única maneira de livrar-se de sua tensão primária, a descarga total (a lei da inércia neurônica).[3] O corpo, em toda a obra freudiana, é um "extrapsíquico". Assim, a própria obra não dá lugar ao corpo como elemento possível de ser sempre representado como um continente que acolhe a força pulsional (fazendo questão de já ser simbólico e ontológico, como a obra de Klein na intimidade de sua teoria afirma). Em Freud, o corpo está fora de questão; ele só pode vir a ser um suporte vazio ou destino, não pode ser um sujeito. Só se presta a servir de apoio para um método ou para um espetáculo sensorial, sensual, pansexual, gerado pelo exagero erótico da pulsão ou, como Lacan quer que seja, pelo *plus* que a língua civilizada da mãe propõe, pois perverte o bebê humano em seu trabalho de educação. Em Freud, o corpo só é corpo depois de ser afetado pela língua materna. É assim que parece nos querer ensinar Jacques Lacan em seus trabalhos de releitura do texto freudiano.

Então, se para Freud o corpo não era uma questão – ou, como nos quis ensinar Lacan, era uma questão menor –, para

---

constituídas e que visa determinar os fundamentos lógicos, o valor e o alcance objetivo delas; teoria da ciência.
[Cf. teoria do conhecimento e metodologia (2).]
3. Essa idéia encontra-se no texto de 1895, O Projeto de uma Psicologia Científica, e depois, em um sentido um pouco diferente, porque já reelaborado, reaparece no texto de 1920 sobre a pulsão de morte, Além do Princípio de Prazer. (Freud, S. Edição Standard Brasileira das *Obras psicológicas completas de Sigmund Freud*, v. I e v. XVIII, tradução de Jayme Salomão, Imago, R.J., 1972.)

Klein, ele talvez fosse a única verdade psíquica a ser compreendida e pesquisada. Para ela, o corpo é o primeiro objeto psíquico passível de ser *phantasiado* e de dar suporte ao fantasiar, é também o representante primordial da história e do encontro humano, da união de macho e fêmea, da comunhão corporal na construção simbólica. Ele já apresenta uma questão própria, acolhida em uma cena quase teatral, ele já é imagem pronta e portadora de um sentido trágico, cujo fim está sempre à espera da presença do herói.

Em outra perspectiva, porém, o corpo também poderia ser tomado como um sistema cujas operações próprias imporiam um método, e Melanie Klein usaria o funcionamento desse sistema para pensar as defesas mais primitivas, por exemplo: as funções primárias de comer e evacuar eram inegavelmente os paradigmas físicos de funções psíquicas primitivas como a introjeção e a projeção. A relação com o exterior e o interior do mundo passaria pelo tubo digestivo da mente que soltaria do outro lado desse tubo o resto simbólico daquilo que havia sido ingerido. Enquanto Ferenczi[4] pensava a introjeção sob a perspectiva do amor transferencial, isto é, o eu engolfava o objeto, expandindo-se (expandindo seu narcisismo), em Klein, além de engolfá-lo por expansão, engolia-o por devoração feita pela própria boca do sujeito. Levando-se em conta que esse sujeito era capaz de ação real e, conseqüentemente, capaz de construir uma verdade feita de conhecimento e símbolo a partir da relação que o próprio corpo estabelecia consigo mesmo e com o outro da relação. Portanto, para Klein, o núcleo do incons-

---

4. Em seu artigo Transferência e Introjeção, Ferenczi faz alusões ininterruptas à questão da transferência como problema de introjeção e não trata a introjeção como "algo que vem para dentro" no sentido figurado, metaforizado, proposto pelo modelo corporal. Lá ele enfatiza o movimento de expansão libidinal – a introjeção (ou a retração desse investimento: a projeção) – e insiste em vinculá-la ao amor.(Ferenczi, S. *Obras completas, op. cit.*, v. II.)

ciente representado era o corpo e sua relação com o mundo. Por outro lado, o núcleo desse inconsciente, além das coisas representadas, continha em seu cerne, em seu núcleo, o irrepresentado vivo. A morte viria a ser revelada como uma linda fêmea, maníaca-dama-afrodisíaca (que estando sempre presente jamais seria vista) viva no miolo do corpo, pois esse corpo trazia em sua intimidade a sua fragilidade de ser transitório, de ser efêmero, e a selvageria de um ódio arcaico dirigido contra o existir.

Para ela, o inconsciente (fruto das claras exigências do corpo e de toda sua invisibilidade) continha um sentido cognitivo, era ele próprio um conhecimento já realizado. Era o corpo o que portava um saber filo e ontogenético, já sendo também um sujeito aberto ao atual de sua vida. Ele era, como já disse, um verdadeiro porta-história, um campo ativo e pleno de significações referidas a um passado longínquo e, simultaneamente, um verdadeiro presente completamente esquecido de si mesmo.

Aquilo que, em Freud, era o mecanismo mais brutalmente psíquico – a tendência à descarga, o sem significado – em Klein era uma única e mesma coisa, a repetição monótona da pulsão de morte exigindo de Eros o desgastante trabalho de sempre providenciar a novidade que poderia manter por mais um dia a vida desse sujeito que compulsivamente se esvai. Mais especificamente, o irrepresentável, proveniente da pulsão de morte, resistia ao já representado derivado do corpo. E o inconsciente comportava esse paradoxo como um saber particular a quem adquire corporeidade, e não como quem se recusa a recebê-la com gratidão.

Nesse sentido, minha questão não era enfatizar o tema do conhecimento como reafirmação da questão freudiana (ou lacaniana), concebendo-o como proveniente ou como resultado da atividade mental da organização delirante. A questão era saber como o conhecer, que o próprio corpo já era capaz de sustentar, poderia estar impedido – pelo mais estrito exercício da manifestação da pulsão, ou seja, pelo efeito da atividade da inveja primária – de vir a ser conhecimento. A questão era entender como aquilo que já estava pronto para produzir significações – "o corpo faz sinal, o corpo faz sentido", nos diz Rezende[5] – ficava totalmente submetido a um método de funcionamento psíquico que só deseja a descarga completa no momento da sucção dos fartos seios secos dessa mãe maníaca que o irrepresentável construía. Foi essa questão que norteou todo o meu pensamento desde o início deste texto.

Mesmo que a paranóia (ou a manifestação delirante) pudesse ser a forma fundamental de conhecimento, não era isso que me interessava. O que insisto em reafirmar é: o corpo é a estrutura do conhecimento, não é o objeto persecutório aquele objeto base do conhecimento, mesmo que, como objeto, seja o cerne do sujeito. Para confirmar minha convicção de que este texto é em defesa de Melanie Klein, é bom que eu afirme mais uma vez: somente o corpo é capaz de recordar e somente o corpo é capaz de afirmar graciosamente que o seio é sempre bem-vindo ao reflexo de sucção, mesmo que isso seja fundamentalmente assustador para o psiquismo. Em outras palavras, inveja e gratidão são questões levantadas respectivamente pela pulsão e pelo corpo, e, para Klein, o corpo só pode ser grato se, diante da pulsão, a inveja, isto é, o ódio ao conhecer e o ódio ao corpo não prevalecerem.

Não me interessa, portanto, se o conceito de inconsciente comporta ou não a idéia de conhecimento. Aqui o que interessa é que o corpo, no entanto, comporta essa idéia, e esta é a questão que me parece inconsciente. O que quero enfatizar é que, incognoscível ou não, o corpo porta uma memória que a pulsão insiste em rejeitar, o corpo tem aquilo

---

5. Muniz de Rezende, A. *Heidegger e Melanie Klein: gratidão e recordação*, in Boletim de Formação em Psicanálise, Ano II, v. II, n.º 2, julho/dezembro 1993.

que o desejo nega, o corpo afirma o que a morte quer extinguir. Nesse sentido, creio poder achar um caminho para pensar esse tema na teoria dos conceitos de rejeição e de repúdio,[6] conforme lidos em Sigmund Freud, porque, para mim, esses dois conceitos são a brecha pela qual se pode resgatar o contato com aquilo que eu gostaria de pensar como sendo o Freud de Melanie Klein, isto é, aquele que estuda e conceitua a questão da perda da realidade, seja em parte ou no todo, como problema primacial do sujeito humano. A sexualidade não mais será o ponto nodal da teoria.

Fico neste ponto, como sendo a minha primeira tentativa de conclusão. Se Klein esteve correta ou fiel às construções freudianas me é menos importante do que apontar para onde ela foi levada a partir do pensamento dele. Quero crer que, diferentemente de Lacan, ou melhor, talvez exatamente como ele, ela sempre quis tomar a obra freudiana como sua, torcê-la, deformá-la, alterá-la com toda sua habilidade e insensatez e, depois, devolvê-la à comunidade psicanalítica como um voto de amor transformado em obra de pensamento.

## Sobre a questão da inveja primária

Para o corpo, conhecer é uma questão que se coloca como sendo uma experiência de obrigação (uma condenação, poderia ser dito), porém no plano do psiquismo, ele se mostra como é excessivo, insuportável. A justificativa para essa afirmativa, a meu ver, encontra-se em Melanie Klein, isto é, ela considera a experiência de conhecimento insuportável, por julgar – a partir de suas observações clínicas – que ele se

---

6. Laplanche, J. e Pontalis, J.-B. *Vocabulário da psicanálise*, tradução (português de Portugal) de Pedro Tamen, Martins Fontes, Santos, 1970, pp. 562 e 571.

manifesta como uma exigência pulsional e exige um trabalho que sempre parece ser para a mente uma manifestação excessiva, uma obrigação a mais. Isso me leva a poder afirmar que, para o mundo psíquico, conhecer não é um *a priori* bem-vindo. Pelo menos em Klein – ela assim parece sugerir – conhecer verdadeiramente só é possível se não houver ódio, horror ou nojo dirigido contra o objeto a ser conhecido. Para ela, aquele que odeia não lembra, aquele que inveja não é capaz de conservar nem símbolo, nem memória, nem experiência vivida com gratidão.

Rezende afirma:

> *A memória e o reconhecimento dependem um do outro. Ao dizer isso estou trabalhando associativamente.* Tenho que seguir o fio que me conduz no tecido de meu texto. Não sou eu que conduzo o fio, ele é que me conduz. *A palavra reconhecimento possui um duplo sentido: eu te reconheço; eu sou reconhecido. Completo a frase, kleiniana e heideggerianamente, assim: só se reconhecem os que são reconhecidos entre si. A gratidão é fator de reconhecimento.* A gratidão tem função cognitiva. *Quando se estuda a metapsicologia dos processos cognitivos, descobre-se que a grande novidade (tanto para Melanie Klein quanto para Heidegger) é que a gratidão tem função cognitiva: conheço aqueles a quem sou grato; e, em sentido contrário, sou conhecido por aqueles que me são gratos. Daí, eu diria, a necessidade de completar esse livro de Melanie Klein* (Inveja e gratidão) *com um outro que escreveu Joan Rivière,* Amor, ódio e reparação. *Os invejosos não se reconhecem; os invejosos não são gratos entre si; os invejosos não têm possibilidade de simbolizar no reencontro. Inveja,*

*nesse texto de Melanie Klein, é o contrário de gratidão. O drama do invejoso, seu sofrimento, seu sentimento de solidão, tem tudo a ver com a ingratidão; tem tudo a ver com a impossibilidade ou dificuldade de reconhecer.*[7]

Portanto o conhecimento, para Klein, não depende tanto da construção do outro persecutório, do outro que dá medo, daquele que sempre pode fazer mal; aquele que é um objeto que deve ser ininterruptamente expulso do interior do sujeito, para depois ser resgatado no plano do conhecer perceptivo como um perigo que vem de fora, forjando o caráter paranóico. O conhecimento, isto sim, depende do afeto inconsciente da gratidão, isto é, o seio é sempre bem-vindo para um bebê com fome, a não ser que ele já esteja consumido por um ódio tão violento que pode ser expresso muitas vezes como inapetência compulsiva. É obrigatório notar, porém, que a gratidão encontra-se nos antípodas da inveja ou, em outras palavras, a gratidão opõe-se a qualquer gesto de ingratidão, de rancor, de mágoa. Na inveja não temos mais um objeto persecutório, mau, ameaçador, nem um outro que sustenta a experiência do encontro como movimento de violência contra a pessoa do sujeito. Na inveja, o encontro com as coisas boas é o que gera o ódio contra o objeto. Na inveja o que se ataca não é aquilo que é perigoso e persegue, é a bondade do objeto que é atacada, pois, ao destruir a generosidade do outro que completa a condição faltante do sujeito, ataca-se o centro da lógica corporal que indica que aquele objeto que se apresenta é o objeto necessário, é o objeto ao qual se está alegremente obrigado, sendo sempre ele ética e logicamente bem-vindo.

---

7. Muniz de Rezende, A. *Heidegger e Melanie Klein: gratidão e recordação, in* Boletim de Formação em Psicanálise, Ano II, v. II, n° 2, julho/dezembro 1993, pp. 69-76 (grifos meus).

> *A inveja de si mesmo é uma noção muito séria e, às vezes, difícil de entender, porque a inveja, diz Melanie Klein, tem essa característica de não atacar as coisas más, mas as coisas boas. Podemos usar expressões que são nossas, usadas pelo povo, ao falar do "mau olhado". Essa expressão é usada porque a palavra inveja vem do latim in-videre, que é ver mal, com maus olhos. Em vez de olhar as coisas boas com alegria e querer que elas cresçam, o invejoso olha-as com maldade, querendo que elas morram. Por isso, acrescenta Klein, a inveja é a função da pulsão de morte. A pulsão de morte atacando as coisas boas nos outros e em nós mesmos.*[8]

O corpo, é um imperativo categórico, e o psiquismo que não deseja considerar a existência do desejo pelo outro nesse corpo que se apresenta diante dele, odeia esse objeto. O psiquismo do invejoso odeia tudo a que pode dar forma. Isto é, odeia tudo que pode afirmar a existência da vida e que permite lembrar a condenação a que o homem está obrigado. Tudo o que se apresenta como passível de ser revelado enquanto objeto é odiado pelo psiquismo. O objeto é visto pelo olho da inveja; isto é, o sujeito que desenvolve a função do olhar a partir da inveja é aquele que não quer ver nem o outro, nem tampouco a própria ação de ver. O horror ao *self* é o fundamento afetivo de uma única e monótona ordem: morra, não signifique, não exista. Ou, para dizê-lo de modo mais suave, o invejoso é o sujeito que rejeita a forma que já tem e, com ela, todas as funções dessa forma, permanecendo vivo, mesmo já estando morto.

Talvez se possa pensar que há algo de antiplatônico em Klein; nela todo substantivo está, necessariamente, adjetivado (corporificado, eu diria), uma vez que sempre está sub-

---

8. *Idem, ibidem*, p. 72.

metido à força "sígnica" do corporal. Para a psicanalista da infância, não podia haver inteligível sem sensível e, caso assim houvesse, o sensível teria vindo primevo, por ser qualidade advinda do objeto primário que dá significado a tudo, isto é, o corpo, uma vez que, em Klein, ele é o objeto primário propriamente dito, uma vez que precede e contém a própria cultura, uma vez que vem antes e, mais que isso, uma vez que é legado. Ela afirmaria, talvez, que antes da cultura ou do desejo da mãe é o afeto inconsciente (a inveja ou a gratidão) o primeiro sinal humano que inaugura a textura psíquica e o processo de conhecimento.

No invejoso o objeto é inscrito com ódio, seja ele signo primário vindo da cultura ou do inconsciente materno, um vez que seu corpo é motivo de ódio e de desprezo. Para o sujeito kleiniano, o primário é o organismo e o sinal que ele emitir no momento do encontro, isso se houver gratidão. O mundo das idéias perfeitas – que desprezam o sensível –, em que a beleza é sinônimo de perfeição ideal, acorporal, não foi do interesse de Melanie Klein. A beleza do mundo advinha, para ela, a partir do corpo, ou melhor, da aceitação dessa forma sólida, física, que o corporal oferece ao psiquismo. Nela, o sentido das coisas vivas sempre vinha do afeto delineado pelo corporal; o afeto é a nascente da palavra, o sensível é a lógica da palavra, sua estrutura melódica, seu tom, sua base primordial, sua solidez, sua concretude. O corporal, em Klein, jamais seria a cópia imperfeita de algo concebido idealmente como perfeito, ou de algo concebido na palavra, no sopro divino, sendo que o sujeito desprezasse a "fisicidade" ali existente. Para Klein o corpo sempre foi a mais bela "persona" que desvela o homem, a mais bela máscara que o homem teria para tomar-se como real e verdadeiro e, talvez mais que isso, como viável. O belo do corporal só pode ser fruto da gratidão, pois esta é a virtude que deixa alguém sustentar a ilusão de possuir um corpo – que é símbolo – e poder com ele conhecer o mundo.

Vale ainda lembrar que, na própria beleza está incluída e contemplada a certeza da morte, pois o corporal sendo aceito como bem-vindo contém em si mesmo a beleza sublimada da morte. Cito mais uma vez Rezende (1993):

> *Na linguagem de Melanie Klein, o acesso ao simbólico é o próprio reconhecimento na gratidão. Para ela, as experiências fundantes são simbólicas na medida em que reúnem sentido e afeto. Nesse sentido, ela é antiplatônica. Seio bom e seio mau não são essências platônicas, mas vivências cognitivo-afetivas com as quais tem início uma nova gramática. Todo substantivo é adjetivado. Não há seio só, o seio é bom ou mau. Esta é para Melanie Klein a origem das idéias.* No começo a palavra nasce do afeto. *Depois é que intervém o processo abstrativo para separar o sentido e o afeto, o significante do significado. A experiência inicial é simbólica e só depois se introduz o divórcio.*[9]

## O objeto estético

Quero começar por uma citação:

> *(...) apesar de desconhecer uma religião no sentido ocidental e de não dispor de fundamentos para uma teoria dos costumes, o japonês não é isento da noção de má conduta (...). Não porque transgressões correspondam à desobediência de certos mandamentos divinos, mas porque ele as*

---

9. *Idem, ibidem*, p. 75 (grifos nossos).

*sente como inestéticas. Acontece que o Budismo, principalmente o Zen-Budismo (...), não é religião no sentido ocidental, mas uma filosofia muito ligada à arte – não à ética (...)*[10]

Como compreender a ética-estética kleiniana? Como concebê-la? Esta foi minha pergunta desde o início, uma vez que eu entendia como certa a presença de uma teoria que vislumbrava esse problema – inconsciente para Klein, quero crer –, embasando o pensamento da autora no interior da obra.

A lógica do absurdo – produzida pela relação intensa entre pulsão de vida e pulsão de morte – e uma concepção particular da feiúra e da beleza, ligadas à teoria da repressão e da sublimação, poderiam ser o paradigma que daria ao estudo kleiniano todo um sentido estético. Isto é, uma teoria da estética – em Klein – colocaria em pauta os seguintes pontos:

a) o desprezo pelo corpo – por tomá-lo como algo não significativo – nos proibiria do contato com a beleza do mundo;
b) o acesso ao corpo estaria limitado ao contato com a tristeza e a morte (necessariamente sustentada então pelo símbolo), pois o fato de um homem possuir um corpo de ante-mão define uma anterioridade da morte sobre todo e qualquer outro fato psíquico que liga o belo sublimado da morte ao corpo e, conseqüentemente, o belo à morte;
c) tendo a morte como o fundamento da tristeza dada pelo corpo, só ela poderia ser a base da beleza e do conhecimento no homem, como alguma coisa que termina e, por

---

10. Koellreutter, H. J. *Estética – à procura de um mundo sem vis-à-vis* (Reflexões estéticas em torno da arte ocidental e oriental), tradução de Saloméa Gandelman, S.P., Novas Metas, 1984, p. 26.

isso mesmo, se revela enquanto conhecimento e enquanto símbolo.

Nessa perspectiva o corpo e a morte nos colocam em um campo de paradoxo e absurdo. Cito um texto que pode nos orientar nessa direção:

> *Até era a palavra que os gregos usavam para descrever um estado de espírito que levava o homem a uma perda, momentânea ou não, da consciência, uma espécie de loucura que o fazia agir irracionalmente. Por trás da **até** havia uma potência divina a empurrar o homem, por razões diversas (inveja que os deuses tinham dos humanos, punição etc.) para fora dos limites da normalidade, do socialmente aceitável. Dizia-se, então, que assim agindo o homem ficava tomado pela* hybris, *violência que o levava ao desconhecimento.*[11]

A lógica das ações, em Klein, é diferente da moral e da ética dessas mesmas ações. Pode-se dizer que o feio e o belo pertencem ao mundo depressivo da experiência perceptiva sublimada. Aquele que olha tristemente vê com beleza e sofrimento a inacessibilidade do objeto do qual sempre se despede.

Um criminoso violento – introdutor e representante da vileza e do horror sem ética nesta humanidade que vem terminar o milênio – é um ser rigoroso em seu proceder.

É um homem preciso e segue com rigor todas as fases evolutivas da ação propostas por Jean Piaget (à exceção do último estádio, o operatório formal, e das condições éticas

---

11. Marcus, C. Anotações sobre o Absurdo na Literatura, *in Revista Artéria*, ano II, n. 2, janeiro de 1991, p. 3.

para essas mesmas ações), mas o matador não é capaz de viver toda a dor que há em seu fazer. Impecável em seu proceder, o assassino frio está tomado pela exata equação de seu agir e pela ordem implacável de destruição categórica de seu superego.

Assim, esse homem sugere haver, um momento antes da tristeza na qual um gesto que é preciso, mas não belo, pode acontecer com lógica de procedimento, mas com frieza de espírito; isto é, o agir não pertence a nenhum sujeito que possa responder pelo que é próprio da ação porque não há homem nesse lugar onde parece haver ação. Para Klein, a ação sem sujeito não é bela, não é sublime, é pura atuação, é passagem ao ato sem mediação da tristeza e do símbolo; é uma ação lógica sem mediadores depressivos e históricos, mas não é uma ação capaz de considerar a dor humana que em cada ato se delineia. Dominada pela coerência algébrica que o corpo possibilita e pela ordem compulsiva de ódio ao eu que o superego sustenta, a ação não se sacraliza, não se simboliza, mas acontece e produz no mundo uma realidade cínica: o sujeito que age não é capaz de sustentar sua ação com tristeza e respeito por si e pelo outro que com ele convive. Semelhante ao homem grego possuído pela *até*[12] e, inclusive, mais atualizado pelo avanço tecnológico da violência, o criminoso de nosso tempo trabalha com o belo sem condição de apreciá-lo. Frio, por não sofrer, falha em poder apreciar a elegância que pode haver em seu fazer se pudesse suportar a tristeza de seu ato.

Vergonha e culpa não têm significado ao homem que age a qualquer preço para evitar ser morto por seu superego.

---

12. "*Até* era uma divindade grega, filha de Zeus e de Eris, deusa da discórdia. Personificava a loucura cega, tornando suas vítimas incapazes de uma escolha racional. Homens e deuses não escapavam dela. Zeus a expulsou do Olimpo para que ela viesse viver entre os homens." (*Idem, ibidem*, p. 7.)

Não há tempo para sofrer. O tempo dessa ação é o tempo do agora, um tempo sem transcurso, parado na insistência da pulsão e usurpado pelo outro internalizado que nos odeia.

As coisas feias, inestéticas, as coisas com regras morais mas absolutamente sem lei (ou ética) compõem o agir impessoal de um homem incapaz de existir sem se odiar.

O homem destroçado por suas imagens internas de perfeição inatingível espera pacientemente que sonhem por ele. Sem poder olhar, por não suportar ver o mundo que diante dele se apresenta, aguarda que o mito venha a ser seu olho de lendas; um olho que encontra na narrativa sua capacidade de ver, só depois de cego.

"In-ver", mal ver, mau-olhado, olho gordo, inveja: para Klein tudo se sustenta pelo olhar, um olhar que recupera sua potência ética de ver ao ser narrado na palavra depressiva do homem que sofre na tristeza que o símbolo garante.

## Notas para uma metapsicologia da inibição intelectual

Esse foi o fio condutor de todo este texto, ora claro, ora proposto nas entrelinhas. Problema eminentemente prático (no sentido de ser uma questão que surge ligada às exigências do dia-a-dia ou no sentido ligado aos contextos em que o aprendizado tem um importante papel), a inibição intelectual é o aspecto clínico do texto. É o aspecto observável da ação, mas da ação que – mesmo estando imersa numa espécie de sonho é pesadelo – não está autorizada a ser bela; é, isto sim, a representação asfixiada e proibida do gesto criativo do homem que se pretendeu divino, mas ficou aprisionado nas malhas do mito durante a grande travessia do soma para a psique.

Sempre quis pesquisar a perda da capacidade cognitiva, seus limites, seu nascedouro, sua decadência. Sempre quis configurar que a perda cognitiva é a que se encontra não somente no campo das questões abordadas pelos estudos da inteligência – ou dos quocientes intelectuais ou da patologia –, mas é justamente aquela que é perda verdadeiramente espalhada em toda e qualquer ação do sujeito humano, seja na esfera da escolaridade ou da adaptação a qualquer situação vital: mamar, dormir, reconhecer, temer, falar, brincar, trabalhar.

Tanto afetiva quanto intelectualmente, estar inibido para produzir o mundo como espaço de significado ou como um campo onde é viável ordenar uma ação que possa transformar o mundo ao redor, refere-se a um desejo e a um limite do homem em poder aceitar o sentido sagrado que todo acontecimento contém. Trabalhar a favor de um acontecimento cognitivo envolve um grande trabalho de arrefecimento da pulsão, um abrandamento, uma domesticação da tendência à descarga para pôr o ato em símbolo da morte contida no próprio projeto do corpo.

Sendo assim, parece-me importante frisar que a questão propriamente humana é a de sempre diferenciar agir de errar, desejar de pecar; o inibido intelectualmente não é capaz de fazê-lo.

## Notas fragmentadas para uma clínica da inibição

A inibição é a negação da ação, um estrangulamento quase completo da verdade que o físico pode conter. Isto é, o homem perfeito não age, porque o homem perfeito não erra. Essa afirmativa mais uma vez coloca as questões clínicas da patologia do inibido ou as questões sociais de como o ideal humano pode impedir que o mundo se constitua e com ele o sujeito humano.

Se tomarmos o período sensório-motor como ponto de partida, certamente será nele que estarão estabelecidas as bases tanto para a construção euclidiana[13] do espaço quanto

---

13. Piaget e Inhelder assim afirmam quando estudam a questão da

para a construção mítica desse mesmo espaço. Corpo lógico e corpo sagrado, neste princípio, não terão outra forma de expressão e representação que não aquela própria à da sensorialidade e à da motricidade, imersas em uma lógica sagrada da existência.

Nesse sentido a inibição opõe-se à sublimação, abrindo-se para um corpo que está privado do simbólico, por manter-se envolto em uma atmosfera de mentira, evitando com isso defrontar-se com a diversidade, a divergência, a soltura e a desordem próprios à vida cotidiana. Na inibição presentifica-se uma compulsão de corrupção do senso comum já possibilitada pelo corpo; aqui, impõe-se o problema da perversão como desvio de propósito e como disposição compulsiva para a destruição da ética que já é própria a esse corpo que age.

---

representação do espaço na infância: (...) "O espaço perceptivo é construído segundo uma ordem de sucessão que vai das relações topológicas iniciais a relações projetivas e métricas; depois, finalmente, a relações de conjuntos ligadas aos deslocamentos dos objetos, uns relativamente aos outros. (...) tentamos demonstrar que a passagem da percepção à representação figurada (ou intuição representativa e não mais perceptiva) supõe, ao mesmo tempo, uma reconstrução das relações já adquiridas no plano perceptivo e uma continuidade funcional entre esta construção nova e a construção perceptiva anterior, uma vez que as duas *utilizam a matéria sensível a título de significantes* (índices perceptivos ou imagens simbólicas de ordem representativa), e que as duas *recorrem ao movimento de assimilação sensório-motriz para a construção das relações significadas*, isto é, das 'formas'. (...) Vimos que tal construção realiza-se em dois planos na mesma ordem, isto é, *começam pelas relações topológicas para depois atingir as formas euclidianas*, mas com um intervalo de alguns meses ou anos entre a percepção visual e a representação desencadeada pela estereognosia" (grifos meus). [Piaget, J. e Inhelder, B. *A representação do espaço na criança*, tradução de Bernardina Machado de Albuquerque, Artes Médicas, Porto Alegre, 1993, p. 60.]

A inibição intelectual, então, sustenta dois princípios que se opõem: 1.°) Sem inibição não há inteligência, pois ela é o apoio afetivo da negação lógica, inventando que o sujeito inibido pode ser um sujeito isento do peso da culpa no momento em que o ideal do ego toma o ego como causa do mal; 2.°) a inibição é a destruição simultânea da beleza e da experiência com o símbolo, ela corrompe a estética e a ética que se exprimem na relação do corpo com o objeto.

Aqui se está diante do homem impedido de produzir qualquer gesto sem que, antes, esse gesto seja analisado e analisado, visto e revisto, pensado em todas as suas possibilidades, em todas as suas incidências, ângulos, trajetórias, velocidades, peso, direção, alvo; enfim um homem incapaz de agir e de sonhar, por não ser capaz de parar de produzir e reproduzir suas ações no campo imaginário do pensamento (entendido tanto em termos da consciência quanto no nível inconsciente) e que, lamentavelmente, nunca consegue convencer-se de que alguma ação é possível, por estar impedido de sublimar o excesso de significado que o sexual sustenta e impõe. Obcecado pelo maravilhoso funcionamento da mente, dominado pelo imaginário, condenado a não poder jamais agir sem antes viver um longo e complexo ritual de dúvida sistemática, o inibido deixa de estudar, de criar, passa apenas a repetir, e aí institucionaliza-se (internando-se na escola, na política, nas pequenas associações profissionais: na psicanálise, na pedagogia, por exemplo), para poder, estando dentro de uma tribo, lutar com um pouco mais de segurança contra um ideal que essencialmente odeia o sujeito que corporalmente o sustenta.

Esse homem perdeu por completo o vínculo com seu *pathei-mathos*,[14] com seu mundo de sonhos e lendas. Reco-

---

14. Ao trabalhar a questão da contratransferência como a questão central do psicanalista, Viana (1993) chama a atenção para um trecho de Pierre Fédida, dizendo: "Para Fédida (1986), Ferenczi toca

mendado a nunca mais olhar para trás, seguindo em frente o caminho de sua vida, erra ao achar que o passado de mitos deve mais uma vez ser visto e, ao buscar a imagem que já se situa no campo particular a esse tempo – às suas costas –, torna-se a pedra de sal de si mesmo. Inibido, estagnado, parado, fixado ao ponto que quis olhar, num tempo que deveria ser esquecido, o sujeito, para não olhar de frente a própria morte e para não tomá-la como questão da única beleza possível do mundo, transforma-se em algo absolutamente rígido, sem a leveza necessária para seguir em frente, entristecer e, enfim, simbolizar, dando ao corpo um lugar próximo à deidade.

## Por mais uma pedagogia (do) impossível

Estas serão as últimas palavras deste trabalho. Elas trazem uma pergunta que insiste e que ainda entendo impossível de responder: seria a psicanálise uma pedagogia possível nos casos em que o ensino corrente não alcança seu objetivo? Melanie Klein dedicou boa parte de seus esforços iniciais no campo psicanalítico buscando essa resposta. Foi ela quem propôs, em 1919,[15] um texto para o Congresso de

---

sem saber na tradição esquiliana de um *pathei-mathos*, conferindo ao psicopatológico a significação de uma experiência psíquica formada no conhecimento da noite humana. Essa subjetividade do conhecimento humano, adquirido na noite, graças ao sonho que ele abriga, opõe-se em Ésquilo *à exterioridade diurna da compreensão das idéias ganhas apenas por meio da reflexão*. Na tradição lógica grega do poeta Ésquilo, psicopatológico é a experiência íntima (*mathos*) constituída pelo sofrimento/paixão (*pathos*) *no ensino de si*" (grifos nossos). (Viana, S.A. *Contratransferência: questão fundamental do psicanalista*, Escuta, S.P., 1993, p. 35.)
15. Klein, M. *Contribuições à psicanálise, op. cit.*, cap. I "O Desenvolvimento de uma Criança" (1921).

Psicanálise de Budapeste[16] que falava sobre educação psicanalítica. Foi ela quem tentou aplicar a seu filho mais jovem (Fritz-Erich) – que era muito inibido – essa mesma educação; uma educação em que procurava mostrar ao pequeno as imagens de angústia do mundo escuro do mito submerso no campo da ação cognitiva.

Deixo em aberto esse tema, pois acredito que este veio pode ser proposto como um ensino que tente tratar da constante elaboração das imagens da morte como uma ética do belo. Deixo no ar uma pergunta: será que uma pedagogia do ódio e da morte não poderia expor melhor a questão do saber e do aprender na vida cotidiana?

---

16. Petot, J.-M. *Melanie Klein I, op. cit.*, p. 11 e seguintes.

# Bibliografia

BACHELARD, Gaston. *A dialética da duração*, tradução de Marcelo Coelho, São Paulo, Ática, 1988.
BATAILLE, Georges. *História do olho*, tradução de Glória Correia Ramos, Escrita, S. P., 1981.
BAUDRILLARD, Jean. *Da sedução*, tradução de Tânia Pellegrini, Papirus, Campinas, SP, 1991.
BECKETT, Samuel. *O inominável*, tradução de Waltensir Dutra, Rio de Janeiro, Nova Fronteira, 1989.
BENJAMIN, Walter. *Obras escolhidas – magia e técnica, arte e política: ensaios sobre literatura e história da cultura*, tradução de Sergio Paulo Rouanet, S.P., Brasiliense, 1987.
BERLINCK, Manuel Tosta. Reflexões sobre a Regra Fundamental, artigo publicado no *Boletim de novidades – pulsional centro de psicanálise*, n.º 45, 1993, p. 19.
BETTELHEIM, Bruno. *A fortaleza vazia*, Livraria Martins Fontes Editora Ltda., São Paulo, 1987.
*BÍBLIA Sagrada*, tradução dos originais mediante a versão dos monges do Maredsous (Bélgica) pelo Centro Bíblico Católico, Ave Maria Ltda., São Paulo, 1985.
BION, Wilfred Ruprecht. *Estudos psicanalíticos revisados*, tradução de Wellington M. de Melo Dantas, Rio

de Janeiro, Imago, 1988.

————. *Aprendiendo de la Experiência*, 1962, tradução espanhola de Haydée B. Fernández, Paidós, México, 1987.

BLEICHMAR, Silvia. *En los orígenes del sujeito psíquico*, Amorrortu Editores, Buenos Aires, 1986.

CAILLOIS, Roger. *Os jogos e os homens*, tradução portuguesa de José Garcez Palha, Lisboa, Ed. Cotovia, 1990.

————. *O mito e o homem*, tradução portuguesa, Lisboa, Edições 70, 1938.

CALVINO, Italo. *Seis propostas para o próximo milênio*, tradução de Ivo Barroso, SP, Companhia das Letras, 1991.

CAMPBELL, Joseph. *O poder do mito*, tradução de Carlos Felipe Moisés, São Paulo, Palas Athena, 1990 (Joseph Campbell com Bill Moyers; org. por Betty Sue Flowers).

CAMPOS, Haroldo de. Qohélet, *O-que-sabe que não sabe* – Folhetim n.º 487, São Paulo (8 de junho de 1986), caderno especial do jornal *Folha de S. Paulo*.

DOLTO, Françoise. *Inconsciente e destinos*. Seminários de Psicanálise de Crianças, tradução de Dulce Duque Estrada, RJ, Jorge Zahar, 1988.

FONSECA, Rubem. *O cobrador*, Círculo do Livro, 1979.

FERENCZI, Sándor. *Obras completas*, tradução de Álvaro Cabral, São Paulo, Martins Fontes, 1991.

————. *Thalassa – ensaio sobre a teoria da genitalidade*, tradução de Álvaro Cabral, São Paulo, 1990.

FREUD, Sigmund. *O ego e o id*, v. XIX das Obras Psicológicas Completas de S. Freud, RJ, tradução de José Octávio de Aguiar Abreu, Imago, 1976.

————. *Edição Standard Brasileira das obras psicológicas completas de Sigmund Freud*, tradução de Jayme Salomão, Imago, RJ, 1972.

————. *Projeto para uma psicologia científica* (1895)

Edição Standard Brasileira das Obras Psicológicas Completas, Rio de Janeiro, Imago, 1977.

_____ . *Totem e tabu* (1913), tradução de Órizon Carneiro Munuz, Edição Standard Brasileira das Obras Psicológicas Completas, Rio de Janeiro, Imago, 1974.

_____ . *Sobre o narcisismo: uma introdução*, 1914, Edição Standard Brasileira das Obras Psicológicas Completas de Sigmund Freud, RJ, Imago, 1974.

_____ . *O inconsciente*, 1915, Edição Standard Brasileira das Obras Completas de Sigmund Freud, tradução de Themira de Oliveira Brito e outros, Imago, RJ, 1974.

_____ . *A negativa*, 1925, Edição Standard Brasileira das Obras Psicológicas Completas, Rio de Janeiro, Imago, 1976.

_____ . *Recordar, repetir e elaborar*, 1914, (Novas Recomendações sobre a Técnica da Psicanálise II), Obras Psicológicas Completas de S. Freud, RJ, Imago, tradução de José Octávio de Aguiar Abreu, 1969.

_____ . *Neurose de transferência: uma síntese — organização, notas e ensaio complementar: Ilse Grubrich-Simitis*, tradução de Abram Eksterman, Rio de Janeiro, Imago, 1987.

GOETHE, Johann Wolgang. *Fausto*, tradução de Sílvio Meira, São Paulo, Círculo do Livro, v. I.

GRANGER, Gilles-Gaston. *Filosofia do estilo*, tradução de Scarlett Zerbetto Marton. São Paulo, Perspectiva (EDUSP), 1974.

GREEN, André. *O discurso vivo — uma teoria psicanalítica do afeto*, tradução de Ruth Joffily Dias, Rio de Janeiro, Francisco Alves, 1982.

GRODDECK, George. *Du Langage*, traduzida em francês em *La Maladie, L'Art et Le Symbole*, in Michelle Lalive

D'Épinay, *Groddeck: A doença como linguagem*, tradução Graciema Pires Therezo, Campinas, São Paulo, Papirus, 1988.

KHAWAM, René. *As mil e uma noites – damas insignes e servidores galantes*, tradução de Rolando Roque da Silva, SP, Brasiliense, 1991. (Texto estabelecido a partir dos manuscritos originais.)

KLEIN, Melanie. *Contribuições à psicanálise*, tradução de Miguel Maillet, SP, Mestre Jou, 1981.

_____. *Inveja e gratidão – e outros trabalhos*, tradução de Belinda H. Mandelbaum e outros, RJ, Imago, 1991.

_____. *Psicanálise da criança*, tradução de Pola Civelli, São Paulo, Mestre Jou, 1975.

KLEIN, Melanie et alli. *Progressos da psicanálise*, tradução de Álvaro Cabral, Zahar, Rio de Janeiro, 1969.

KOELLREUTTER, Hans Joachim. *Estética – à procura de um mundo sem vis-à-vis* (Reflexões estéticas em torno das artes oriental e ocidental), tradução de Saloméa Gandelman, S.P., Novas Metas, 1984.

LAPLANCHE, Jean. *Teoria da sedução generalizada*, tradução de Doris Vasconcellos, Artes Médicas, Porto Alegre, 1988.

LAPLANCHE, Jean & PONTALIS, Jean-Batiste. *Vocabulário da psicanálise*, tradução portuguesa de Pedro Tamen, Martins Fontes, Santos, Brasil, 1970, Moraes Editores para Língua Portuguesa.

LOBATO, Monteiro. *Obra infanto-juvenil de Monteiro Lobato*, Edição do Círculo do Livro, 1988.

MACEDO, Lino de. *Ensaios construtivistas*, São Paulo, Casa do Psicólogo, 1994.

_____. *Pronunciamento do paraninfo*, 1992, São Paulo, Biblioteca do Instituto de Psicologia da Universidade de São Paulo.

MARCUS, Cid. *Anotações sobre o absurdo na literatura*, in

Revista Artéria, ano II, n.° 2, janeiro de 1991.
MELTZER, Donald. *Revue Française de Psychanalise* 49(5), L'objet Esthétique, tradução livre, Paris, 1985.

_____ . *O conflito estético: o seu lugar no processo de desenvolvimento*, tradução portuguesa de Emílio Salgueiro, São Paulo: Biblioteca do Instituto de Psicanálise da Sociedade Brasileira de Psicanálise de São Paulo – SBPSP – 1987 (mimeografado).

MELTZER, Donald & WILLIAMS HARRIS, M. *The Apprehension of Beauty*, Old Ballechin, Strath Tay, Scotland, The Clunie Press, 1988.

MENEZES, Adélia Bezerra de. Publicado pela *Folha de S. Paulo* – Folhetim – em 29 de janeiro de 1988, com o título: Do Poder da Palavra.

MORA, José Ferrater. *Dicionário de filosofia*, Ed. Editorial Sudamericana, Buenos Aires, 1965.

PAIN, Sara. *A função da ignorância*, tradução Alceu Edir Fillmann, Porto Alegre, 1987, v.1 e 2.

PETOT, Jean-Michel. *Melanie Klein I*, tradução: Marise Levy *et alli*, Perspectiva, São Paulo, 1987.

PIAGET, Jean. *Arquivos de psicologia – ensaio sobre a necessidade*, tradução livre de Ana Maria Moreira Cesar (mimeografado).

_____ . *A tomada de consciência*, tradução Edson Braga de Souza, São Paulo, Melhoramentos – EDUSP, 1977.

_____ . *Lógica e conhecimento científico*, tradução portuguesa de Souza Dias, Livraria Civilização Editora, Porto, 1981.

PIAGET, Jean & INHELDER, B. *A representação do espaço na criança*, tradução de Bernardina Machado de Albuquerque, Artes Médicas, Porto Alegre, 1993.

PLATÃO. Carta II, 314 c. In Jacques Derrida, *A farmácia de Platão*, tradução de Rogério da Costa, Iluminu-

ras, São Paulo, 1991.
PROUST, Marcel. *O tempo redescoberto*, tradução de Lúcia Miguel Pereira, RS, Editora Globo, 1970.
REZENDE, Antonio Muniz de. *Psicanálise e filosofia: a semântica e a questão do sentido*. Aula proferida no dia 2 de julho de 1992 na Sociedade Brasileira de Psicanálise de São Paulo (mimeografado).

──────── . *Heidegger e Melanie Klein: gratidão e recordação*, in: Boletim Formação em Psicanálise, Ano II, v. II, n.º 2, julho/dezembro 1993.

ROUSSELLE, Aline. *Porneia – sexualidade e amor no mundo antigo*, tradução de Carlos Nelson Coutinho, São Paulo, Brasiliense, 1984.
SCARPATI, Marta. *Lecturas de Freud en la Escuela Inglesa de Psicoanálisis*, cap.VII, publicación de la Cátedra I de Psicoanálisis – Escuela Inglesa – de la Fac. de Psicologia de la U.B.A. (prof. titular Beatriz Grego).
SILVEIRA BUENO, F. da. *Grande dicionário etimológico-prosódico da língua portuguesa*, V. III, Ed. Brasília, 1974.
SOSKICE, Oliver. *Modern Painters – A Quartely Journal of The Fine Arts*, tradução livre Maria Teresa Scandell Rocco, v. 4, n.º 1, 1991, editado por Peter Fuller (1987-1990).
VIANA, Suzana A. *Contratransferência – a questão fundamental do psicanalista*, Escuta, SP, 1993.
WINNICOTT, Donald W. *Da pediatria à psicanálise*, tradução de Jane Russo, Rio de Janeiro, Francisco Alves, 1978.

──────── . *O ambiente e os processos de maturação*, tradução de Irineo Constantino Schuch Ortiz, Porto Alegre, Artes Médicas, 1982.

──────── . *Natureza humana*, tradução de Davi Litman Bogomoletz, Rio de Janeiro, Imago, 1990.

WOLLSTONE-CRAFT, Mary, in: Smith Scoth. Texto citado no livro *Plano Simples*, 1993, Companhia das Letras.

Impressão e acabamento
**Cromosete**
GRÁFICA E EDITORA LTDA.
Rua Uhland, 307 - Vila Ema
Cep: 03283-000 - São Paulo - SP
Tel/Fax: 011 6104-1176